와인 클럽

WINE CLUB
Copyright ©2023 by Maureen Petrosky
All rights reserved. No part of this book may be reproduced in any form without written permission from the publisher.
First published in English by Chronicle Books LLC, San Francisco, California

Korean translation copyright ©2025 by ㈜영진닷컴
Korean translation rights arranged with Chronicle Books LLC through EYA Co.,Ltd

ISBN 978-89-314-7356-8
이 책의 한국어판 저작권은 EYA Co.,Ltd를 통해 CHRONICLE BOOKS과 독점 계약한 ㈜영진닷컴이 소유합니다. 저작권법에 의하여 한국 내에서 보호를 받는 저작물이므로 무단 전재 및 복제를 금합니다.

독자님의 의견을 받습니다.
이 책을 구입한 독자님은 영진닷컴의 가장 중요한 비평가이자 조언가입니다. 저희 책의 장점과 문제점이 무엇인지, 어떤 책이 출판되기를 바라는지, 책을 더욱 알차게 꾸밀 수 있는 아이디어가 있으면 팩스나 이메일, 또는 우편으로 연락주시기 바랍니다. 의견을 주실 때에는 책 제목 및 독자님의 성함과 연락처(전화번호나 이메일)를 꼭 남겨 주시기 바랍니다. 독자님의 의견에 대해 바로 답변을 드리고, 또 독자님의 의견을 다음 책에 충분히 반영하도록 늘 노력하겠습니다.

주 소 : (우)08512 서울특별시 금천구 디지털로9길 32 갑을그레이트밸리 B동 1001호
이메일 : support@youngjin.com

※ 파본이나 잘못된 도서는 구입처에서 교환 및 환불해드립니다.

STAFF
저자 Maureen Petrosky | **역자** 유선미 | **총괄** 김태경 | **진행** 윤지선
표지 · 내지디자인 황유림 | **편집** 허영화
영업 박준용, 임용수, 김도현, 이윤철 | **마케팅** 이승희, 김근주, 조민영, 김민지, 김진희, 이현아
제작 황장협 | **인쇄** 제이엠

목차

1월	카베르네 소비뇽	15
2월	시라/시라즈	41
3월	샤르도네	63
4월	메를로와 레드 와인	85
5월	비오니에와 화이트 와인	109
6월	리슬링	133
7월	로제	153
8월	소비뇽 블랑	175
9월	내추럴 와인	197
10월	진판델	217
11월	피노 누아	237
12월	스파클링 와인	261
INDEX		283

와인 클럽에 오신 걸 환영합니다!

꽤 오래 전, 저는 미국 CIA 요리학교(Culinary Institue of America)를 졸업하고 마스터 소믈리에(CMS, Court of Master Sommelier) 자격증을 취득했습니다. 이후 저는 소믈리에로서 명성을 얻었지만 와인에 대해서는 강의실보다 우리 집 거실에서 훨씬 더 많은 것을 배웠습니다. 저도 첫 번째 와인 클럽을 다른 사람들의 독서 모임처럼 시작했고, 친구들과 와인을 마시며 유대감을 형성하는 동안 와인에 대해 놀라울 정도로 많은 것을 배울 수 있었습니다. 그렇게 시작하게 된 저의 와인 클럽은 와인 초보자, 그리고 와인을 궁금해하고 사랑하는 사람들을 격려하기 위한 책을 쓰도록 영감을 주었죠. 솔직히 말해서 독서 모임, 투자 모임, 뜨개질 모임 등 그 모임들이 뭐라고 불려지든 간에 우리 모두는 이것이 친구들과 함께 모여 마실거리를 나누고 그 과정에서 무언가를 배울 수 있는 모임을 위한 완벽한 핑계라는 것을 알고 있습니다. 다만 올해는 저와 함께할 모임의 이름은 이미 정해졌습니다. 바로 와인 클럽이죠!

이 〈와인 클럽〉 책을 통해 미국 전역에 수천 개의 와인 클럽이 시작되었습니다. 그 이후로 저는 몇 개의 주를 옮겨다니며 열두 가지가 넘는 다양한 일을 했고, 그와 동시에 친구들이 각자의 와인 클럽을 시작하도록 도왔습니다. 저는 무엇이 효과가 있고 없는지에 대해 많은 것을 배웠고, 이제는 여러분들도 이 책을 통해 나만의 멋진 와인 클럽을 만드는 방법을 배울 수 있게 될 것입니다. 와인 클럽 모임 안에는 늘 좋은 에너지가 감도는데, 올해는 최고로 맛있는 테라피를 즐기면서 마음만 있으면 의미 있는 우정이나 좋은 인맥까지 쌓는 자리가 될 수 있을 것입니다.

이 책이 여러분을 세계적인 소믈리에나 심층적인 와인 전문가로 만들어주지는 않겠지만, 와인에 대한 두려움을 깨뜨리고, 좋아하는 와인을 발견하며, 훌륭한 음식과 재미까지 함께 누릴 수 있도록 도와줄 것입니다.

훌륭한 와인 클럽에 필요한 기본 요소들

여러분의 집에 와인 잔, 병따개, 알루미늄 포일 등이 구비되어 있고 와인을 즐길 수 있는 친구 몇 명도 있다면, 이미 작은 와인 클럽이 만들어진 것이나 마찬가지입니다. 와인 클럽을 위해서는 와인에 대한 어떠한 사전 경험이나 교육도 필요하지 않습니다. 초보자든 전문가든 매달 소개할 새로운 포도 품종이나 와인 스타일을 배워갈 수 있습니다.

이 〈와인 클럽〉은 매번 그 달에 어울리는 와인을 선정하고, 그 와인과 어울리는 요리들을 조합하여 정리한 것입니다. 하지만 꼭 그대로 따르지는 않아도 됩니다. 만약 여러분이 이번 달을 카베르네 소비뇽 대신 샤르도네로 시작하고 싶다면, 그렇게 하면 됩니다. 여기는 바로 여러분의 와인 클럽이니까요.

그리고 저는 여러분이 빈속에 와인 마시는 것을 원치 않기 때문에, 각 챕터에는 와인의 맛을 더 돋보이기 위한 간단하면서도 세련된 에피타이저 요리 레시피를 함께 실었습니다. 독서 모임을 진행할 때처럼, 주최자를 돌아가며 맡아 보세요. 와인 클럽에 참여하는 사람들이 매달 서로 돌아가며 새로운 와인과 다른 에피타이저를 가져온다면 부담없이 좋은 클럽으로 오래 유지될 수 있다는 장점이 있습니다.

자, 이제 와인 클럽을 시작할 시간입니다. 신나게 와인으로 달려 보겠습니다.

손님 리스트 작성하기

와인 클럽에서 가장 중요한 규칙은 나와 맞는 사람들과'만' 마시는 것입니다. 와인 클럽의 이야기를 하면 관심있는 사람들이 참여하고 싶어할 것이므로, 끝날 때까지 비밀로 해두는 것이 좋습니다. 가능하다면 손님 명단을 10명에서 최대 12명으로 제한하고, 소규모일수록 더 좋습니다. 대규모 모임도 좋지만, 참여자가 많을수록 와인에 집중하기 어렵다는 것을 주의하세요. 저는 물론 시끌벅적한 파티를 말리는 사람은 아니지만, 이 와인 클럽의 초점을 와인에 대해 배우는 것에만 맞추고 싶다면 대규모 게스트 명단은 바모임이나 칵테일 파티를 위해 남겨둡니다.

같이 모일 친구들을 고를 때는 접근성도 염두에 두어야 합니다. 모임이 끝나고 멤버들이 대중교통으로 각자의 집으로 돌아갈 수 있다면 큰 문제가 되지 않지만, 차가 필요한 거리에서 만나는 클럽의 경우 대리운전을 부를 수 있는지, 또는 대신 운전해 줄 일행이 있는지 확인해 두어야 합니다.

와인에 대하여

와인을 처음 접하면 어렵다고 느껴질 수 있습니다. 하지만 아기가 걸음마를 배우듯이 와인도 천천히 한 걸음씩 배워가다 보면 어느새 와인에 대해 많은 것을 습득하게 될 것입니다.

매달 우리는 샴페인 등 다른 스타일의 와인이나 피노 누아, 카베르네 소비뇽 같은 특정 포도 품종으로 만든 와인에 집중하게 됩니다. 여러분이 잘 알고 있는 익숙한 와인부터 시작해서 어디에서도 들어본 적 없는 새로운 와인들을 소개할 것입니다. 아시다시피

세상에는 셀 수 없을 만큼의 많은 와인들이 있으므로 매달 무언가를 배우기 위해서 그중에서도 인기 많은 와인과 널리 시음되는 와인으로 제한할 것입니다. 여러분은 그 달의 와인으로 정해진 대여섯 종류만 맛보면 됩니다.

호스트는 참여자가 그 달의 와인 클럽에 구매해 가져올 수 있도록 와인 리스트를 공유해야 합니다. 그리고 와인 시음을 할 때마다 항상 다른 와인보다 더 비싸고 고급스러운 와인이 한 병은 있어야 합니다. 예를 들어 스페인 카바보다는 전통 프랑스 샴페인이 더 비싸야 합니다. 매달 돌아오는 달에 누가 비싼 와인을 가져올 것인지는 와인 클럽에 참여하는 멤버들과 상의할 것을 권해드립니다. 가장 비싼 와인을 가져와야 하는 임무이기 때문에 한 사람에게만 부담을 주기 어려우니, 참여자 두 명이 함께 비싼 와인을 가져오는 방식도 고려해보면 좋습니다. 항상 공평하게 하는 것이 중요합니다. 와인 클럽을 부담스럽게 진행하고 싶지는 않을 테니까요!

그리고 와인 클럽의 호스트는 와인의 이름과 번호를 기록해 두되, 한 번의 와인 시음이 끝난 다음에야 시음했던 와인의 정보를 공개합니다. 알루미늄 포일이나 갈색 종이로 된 쇼핑백으로 와인에 대한 정보가 보이지 않도록 하고, 그 위에 번호만 표시하세요. 만약 커버로 알루미늄 포일을 사용하는 경우에는 병 아래도 꼼꼼히 감싸서 와인을 따를 때 미끄러지 않도록 주의합니다. 또한 병 상단의 코르크 마개나 캡을 덮고 있는 포일 캡슐 전체를 제거하여 아래에 어떤 와인이 숨어 있는지 힌트를 주지 않습니다. 와인의 가격도 시음이 끝날 때 공개합니다.

와인의 정보를 모르는 상태에서 시음을 하게 되면, 이 맛인가, 저 맛인가, 하는 고민에서 벗어나 입에서 진정으로 느껴지는 본연의 와인 맛을 느낄 수 있게 됩니다. 재미있는 점은 프로급 마스터 소믈리에들도 이 함정에 곧잘 속는다는 것입니다. 병을 가려 둠으로써 여러분은 내 자신을 믿고 와인을 마시는 것에 자신감을 갖는 법을 배우게 되며, 특히 여러분이 좋아하는 와인을 쇼핑할 때도 큰 도움이 될 것입니다.

올바른 와인 잔 고르기

와인을 담아 마실 잔으로는 다용도 유리 제품을 사용하는 것을 추천합니다. 만약 잔이 모자르다면 클럽에 참여하는 멤버나 친구들에게 본인들이 집에서 쓰는 걸 가져와 달라고 부탁하세요. 와인은 어떤 유리잔에 따라도 괜찮지만, 세라믹으로 된 컵이나 플라스틱 컵, 또는 종이컵 등은 와인 시음에는 어울리지 않으니 가능한 사용하지 않습니다.

많지는 않지만 몇몇 달에는 특별한 잔이 필요합니다. 다음의 두 가지 예외를 기억해 두세요.

아크릴 와인 잔 와인 클럽의 모임을 야외에서 하는 경우 아크릴 유리 제품을 사용할 수 있습니다. 여기서 말하는 아크릴 제품이란 보통 탄산음료를 따라 마시는, 일반적인 투박한 플라스틱으로 제작된 컵을 말하려는 것이 아닙니다. 이런 플라스틱 컵에는 설거지에 사용된 주방 세제 등 이상한 냄새들이 배어 있을 수 있습니다.

하지만 아크릴로 된 와인 잔은 모양이 매끄럽고 수영장이나 야외에서 깨질 염려 없이 안전하게 사용할 수 있습니다. 유리 제품과 아크릴 와인 잔의 가장 큰 차이점은 단연 무게입니다. 유리로 된 와인 잔은 살짝 무게가 있는 반면 아크릴 제품은 상당히 가볍습니다. 그리고 또 다른 차이점은 온도 유지로, 아크릴 와인 잔에 따른 와인은 유리 와인 잔에 따랐을 때보다 쉽게 미지근해집니다.

샴페인과 와인 잔 샴페인 와인 잔 중에는 쿠페, 트럼펫 글라스, 플루트, 튤립 등의 다양한 스타일이 시중에 아주 많이 나와 있습니다. 마음에 드는 것을 직접 골라보면 됩니다(265페이지 참조).

샴페인처럼 탄산이 있는 와인을 마신 후에 잔을 세척할 때에는, 세제를 사용하거나 식기세척기에 넣지 않고 손과 물로만 세척해야 합니다. 믿기지 않으세요? 그렇다면 간단한 테스트를 해 보겠습니다. 같은 플루트 잔을(여러분이 집에 가지고 있는 샴페인 잔 아무거나 좋습니다) 두 개 준비해서, 하나는 식기세척기에 넣고 하나는 물과 손으로만 닦습니다. 그리고 여러분이 가장 좋아하는 스파클링 와인을 손과 물로만 닦은 잔에 따라보세요. 아름답지요? 그 다음, 식기세척기에 들어갔다 나온 잔에도 따라보세요. 물론... 이상할 겁니다. 샴페인의 탄산이 어디로 사라진 걸까요? 이렇게 잔류 세제가 스파클링 와인에 어떤 영향을 미치는지 맛보게 된다면, 여러분은 (적어도 와인 잔에 한해서는) 다시는 식기세척기를 거들떠도 보게 되지 않을 겁니다.

또 한 가지, 유리잔은 행주보다 페이퍼타월을 사용해 닦아 말리는 것이 좋습니다. 천을 세탁할 때 사용한 세제나 섬유유연제가 스파클링 와인의 맛을 변형시키거나 미세하게 밋밋한 맛이 나게 만드는 원인이 됩니다. 유리잔은 꼭 손으로 세척하고, 잔을 닦아야 할 때는 먼지가 안 날리는 천이나 페이퍼타월을 사용하도록 꼭 당부드립니다.

와인 클럽의 호스트가 되었을 때

독서 모임을 진행할 때처럼, 와인 클럽의 호스트를 멤버 모두가 돌아가며 맡아 보세요. 그리고 당신이 호스트를 맡게 되었을 때 해야 하는 일들은 다음과 같습니다.

미리 플랜 짜기 제일 먼저 2주 전에 계획을 세우고 이번 달의 챕터를 읽는 것을 추천합니다. 모임의 손님들에게 질 좋은 와인과 맛있는 에피타이저를 제공할 충분한 시간이 필요합니다.

와인과 에피타이저 고르기 와인의 가격은 아주 다양하므로, 그중 한 와인이 유독 비싸다면 두 명의 멤버가 상의하고 결정하면 됩니다. 와인 클럽에서 회원들은 와인이나 음식에 대한 비용으로 한 달에 평균 약 $20~30를 부담합니다. 혹시 와인 배달이 가능한 지역에 거주하는 경우, 호스트에게 와인이 배달되도록 미리 주문하는 것도 한 방법입니다.

음식 준비하기 이 책의 모든 레시피에는 미리 준비해야 할 단계가 있으므로 일주일 전에 필요한 것들을 쇼핑하세요. 미리 잘 준비해둘수록 손님들과 더 여유로운 시간을 즐길 수 있습니다.

시음 진행하기 이전에 알려드렸듯이, 모든 시음회는 철저하게 블라인드로 진행되어야 합니다. 모든 손님이 각각의 와인을 맛보고 나면 와인 병을 공개합니다. 이 과정에 대해 더 알고 싶다면 11페이지의 와인 평가 방법을 참조하세요.

몇 가지 안전 기본 규칙에 대하여

- 와인 클럽을 시작하기 전에, 모든 멤버가 와인 시음 후 각자 안전하게 집으로 돌아갈 수 있도록 운전자 또는 안전한 교통수단이 준비되어 있는지 미리 확인합니다. 와인 클럽의 모임이 늦은 밤까지 지속되는 것은 권하지 않습니다.
- 1:1 규칙을 따릅니다. 와인 한 잔당 물 한 잔씩입니다.
- 공복에 술을 마시지 않습니다. 시음회가 시작되기 전, 꼭 무언가 먹어두세요.
- 준비한 와인을 모두 맛보아야 합니다.

맛있는 시음회를 위한 유용한 팁

다음은 와인의 맛을 제대로 느낄 수 있는 몇 가지 팁입니다.

- 와인을 처음 맛볼 때는 한 모금 마시고 향을 맡는 것이 전부이기 때문에, 잔에 부어지는 와인의 양은 30~60ml로 충분합니다. 그 이상으로 와인을 따르면 손님들이 아무 의미 없이 와인 잔을 흔들고 있게 되니 주의하세요.

- 레드 와인을 시음할 때는 얼룩 방지를 위해 어두운 색의 식탁보를 사용하거나 아예 사용하지 않습니다. 단, 만약 어두운 색 식탁보를 사용하게 된다면 손님들이 와인의 색상을 잘 볼 수 있도록 흰색 종이를 나눠 주어서 잔 뒤에 비춰 볼 수 있도록 합니다.

- 와인을 잔에 따를 때, 마지막에 병을 살짝 돌리면 와인을 너무 많이 따르는 것을 방지할 수 있습니다. 한 손에 냅킨을 받쳐 병에서 떨어지는 와인 방울을 살짝 닦아도 좋습니다. 또 와인 병을 너무 높이 들어 따르게 되면 다른 사람 옷에 튀게 될 수도 있으니 주의합니다.

- 스피팅 버킷은 와인을 배우는 목적으로 시음할 때 유용합니다. 와인을 입을 헹구듯 머금었다가 뱉어내는데, 이렇게 하면 알코올을 섭취하지 않게 되어 시음에 집중할 수 있습니다. 각자 사용할 불투명한 색상의 플라스틱 컵을 나눠줍니다.

- 새로운 와인을 마실 때마다 입안과 와인 잔을 물로 헹굽니다.

- 시음회에 준비한 와인을 모두 마시고 이야기 나눈 후, 라인업에서 가장 마음에 드는 와인을 넉넉히 따라 마십니다.
- 향이 나는 물품들은 피합니다. 와인의 맛과 향을 제대로 경험하지 못하게 방해하는 주범입니다.

각각의 다른 와인을 평가하는 방법

자리를 잡고 시음을 시작할 준비가 되면, 결과를 기록할 필기도구와 종이를 나눠 갖습니다.

시각에 집중하기

와인에 대한 첫인상은 여러분이 맛볼 술에 대해 많은 것을 말해줍니다. 와인의 모습—색상뿐만 아니라 색의 깊이에도 주의를 기울여 보세요. 여러분은 첫눈에 와인이 화이트인지, 레드인지, 아니면 로제인지 알 수 있습니다. 와인을 잘 볼 수 있는 제일 좋은 방법은 밝은 조명 아래에서 흰색 종이나 식탁보에 와인을 대 보는 것입니다. 분위기를 잡는다고 조명을 은은하게 하거나 또는 어둡게 할 필요가 없습니다. 모든 달에 마시는 와인의 색깔과 점도는 물론 거품까지, 시음하며 찾아야 할 항목을 쉽게 정리해 두었습니다.

냄새에 집중하기

와인을 마시기 전에 잔을 빙빙 돌리고 냄새를 맡는 방법은 간단합니다. 와인의 알코올 냄새가 아닌 좋은 향을 맡을 수 있도록 도와주는 몇 가지 팁이 있습니다. 예를 들어 와인의 라벨에 블루베리 냄새가 난다고 적혀 있으면, 블루베리 잼 한 병을 열어 모든 사람이 냄새를 맡을 수 있도록 테이블 위에 올려놓습니다. 그 다음 와인 냄새를 맡아 비슷한 냄새가 나는지 확인합니다.

와인 냄새를 많이 맡은 후에 어떤 사람들은 아무 냄새도 맡을 수 없게 되기도 하는데, 이런 현상을 네이잘 퍼티그, 코 피로라고 합니다. 아주 간단한 방법으로 다시 냄새를 맡을 수 있는 정상적인 코로 돌아올 수 있는 방법이 하나 있는데, 바로 손이나 머리카락과 같은 새로운 냄새를 맡는 것입니다. 이상하게 들리겠지만, 여러분은 이 방법이 아주 효과가 있다는 것을 알게 될 것입니다. 어느 냄새를 맡던지 냄새를 맡는 것에 옳고 그름은 없습니다. 저는 와인마다 다양한 노트를 미리 알려드릴 것이지만, 혹시라도 제가 제시하지 않은 냄새가 나더라도 그대로 적으면 됩니다. 냄새라는 것은 사람마다 주관적인 것이니, 자신의 생각이 틀린 것 같아도 당당하게 말하고 여러 사람들과 공유해 보세요. 다른 사람들이 동의한다면 놀랍고 행복해지는 경험이 되기도 합니다.

맛에 집중하기

와인을 맛보는 가장 쉬운 방법은 여러분이 이미 알고 있는 맛과 연결해 보는 것입니다. 레몬을 시작으로 초콜릿과 담배 그리고 바닐라까지 맛을 탐구할 것이고 각각의 챕터에서는 그 달의 와인에서 맛볼 수 있는 가장 일반적인 맛을 보여드릴 것입니다.

바디감에 집중하기

와인의 바디감(라이트 바디, 미디엄 바디, 풀 바디 와인)을 구분할 때, 우유 종류를 떠올리면 이해하기 쉽습니다. 무지방 우유는 라이트 바디, 일반 우유는 미디엄 바디, 그리고 크림은 풀 바디에 가깝죠. 예를 들어 지금 마신 와인이 저지방 우유의 질감과 비슷하다면, 즉 수분감이 많고 옅으며 입에 어떤 코팅감이 남지 않는다면 라이트 바디의 와인입니다.

와인의 피니시란?

모든 와인에는 피니시, 곧 마무리라는 것이 있습니다. 와인을 한 모금 마시고, 삼키고, 마음 속으로 숫자를 세어봅니다. 와인을 삼키자마자 맛이나 여운이 사라진다면 짧은 피니시가 됩니다. 와인을 삼킨 후 숫자를 1에서 5까지 세었을 때 여전히 입안에서 약간의 여운이 있다면 중간 정도의 피니시입니다. 대화를 계속하면서도 여전히 입이 조여드는 느낌이 들거나 몇 분이 지난 후에도 마신 와인의 맛이 느껴진다면 긴 피니시입니다. 우리는 매달 마시는 와인의 피니시가 길고 짧은 것에 대해서도 이야기할 것입니다.

와인과 요리의 페어링

어떤 와인이 어떤 음식과 잘 어울리는지 알 수 있는 유일한 방법은 계속 시도해 보고 여러 시행 착오를 거치는 것입니다. 먼저 와인 한 모금, 그리고 음식 한 입, 그 다음에는 음식 먼저 한 입 먹은 다음 와인 한 모금. 그리고 다음에는 와인 한 모금과 요리 한 입을 동시에 먹어 보세요. 이때 입안에서 일어나는 변화에 주목합니다. 이 책에서 여러 제안을 드릴 것이지만, 이렇게 직접 맛을 본 여러분만이 스스로가 무엇을 좋아하고 싫어하는지 잘 알게 됩니다. 와인에 잘 어울리는 음식을 전문가처럼 만들 수 있는 세 가지 방법을 알려드리겠습니다.
- **브리징** 여러분이 마시는 와인을 요리의 재료로 일부 사용하는 것입니다.
- **보완하기** 육즙이 풍부한 스테이크에 곁들이는 카베르네 소비뇽처럼, 풍성한 요리에는 풀 바디 와인을 매치합니다.
- **대조하기** 풍부한 크림 소스 맛이 특징인 요리라면, 느끼한 맛을 중화시키기 위해 가볍고 탄산감이 강한 와인을 내어도 좋습니다.

와인을 즐길 시간

손님들은 작은 일반 노트나 수첩을 준비하거나, 휴대폰의 노트 어플리케이션을 사용할 수도 있습니다. 모든 메모를 한곳에 모아두면 다음 번 여행에서 와인을 쇼핑할 때 쉽게 참고할 수 있죠. 와인 노트는 어느새 재미있는 이야기와 소중히 간직할 와인 정보가 가득한 일기장처럼 변해 있을 것입니다.

우리는 이제 진짜 소믈리에처럼 각 와인에 대해 다음 카테고리를 각각 평가할 것입니다.

시음 날짜: 와인 #:

와인의 종류:

빈티지:

색깔:

향:

맛:

바디감:

피니시:

요리와의 조합:

가격:

1월

카베르네 소비뇽

Cabernet Sauvignon

JANUARY
1

와인 클럽에 오신 것을 환영합니다. 여러분은 이제 와인 잔을 맞부딪히고 풍미 가득한 레드 와인을 음미하며 새해를 맞이하게 됩니다. 카베르네 소비뇽(Cabernet Sauvignon)은 앞 글자를 따서 간단하게 '캡(Cab)'이라고 부르기도 합니다. 이 풀 바디 와인은 세계에서 가장 인기 있는 와인으로, 레스토랑에서 주로 제공하는 대중적인 하우스 레드 와인이기도 하죠. 1월에는 아르헨티나, 프랑스, 캘리포니아 등에서 온 카베르네 소비뇽을 실컷 맛보면서 나에게 딱 맞는 완벽한 와인을 찾아봅시다.

카베르네 소비뇽 알아가기

몇 가지 기본 상식부터 살펴봅시다. 이 많은 와인들의 이름은 누가 정하는 걸까요? 유럽산 와인은 주로 와인이 제조되는 지역이나 마을의 이름을 따서 짓습니다. 예를 들어 샴페인은 프랑스 북부에 있는 레지옹[1], 샴페인[2]의 이름에서 유래한 것이죠. 유럽 이외에서는 대부분 포도 생산지의 이름을 따서 정합니다. 이를 '버라이어탈'이라고 부르는데, 쉽게 포도 품종이라고 생각하면 됩니다. 카베르네 소비뇽은 카베르네 소비뇽 포도 품종의 이름을 따왔습니다. 그러니 메를로는 메를로 포도, 샤르도네는 샤르도네 포도의 이름을 땄다는 것을 쉽게 추측할 수 있죠.

카베르네 소비뇽 포도는 어디서나 자랄 수 있습니다. 이 와인이 매우 유명하고 어디서든 구할 수 있는 이유죠. 원래는 프랑스 보르도 지역에서 유래했는데, 이 지역에서 생산되는 유명한 와인들은 상당수 카베르네 소비뇽 포도를 기반으로 하고 있습니다. 그러나 전 세계의 다른 지역들도 곧 카베르네 소비뇽의 핵심 지역으로 자리잡았죠. 미국 캘리포니아 나파밸리는 카베르네 소비뇽의 왕으로 불리며, 일부 와인은 최고 등급을 받기도 했습니다. 심지어 프랑스로부터 영광스러운 찬사를 받은 이력도 있습니다. 특히 아르헨티나, 칠레, 호주는 훌륭한 카베르네 소비뇽으로 알려졌고, 남아프리카도 그 뒤를 바짝 쫓고 있죠. 이 포도는 심지어 먼 동쪽, 중국에서도 자랍니다!

전설의 보르도

프랑스산 와인은 종류가 너무 많아서 전부 공부하려면 한평생 걸릴지도 모릅니다. 하지만 우리에겐 1월 한 달뿐이니, 여러분의 시간을 아끼기 위해 카베르네 소비뇽 블렌드 중 우위를 점하고 있는 보르도(Bordeaux) 지역의 레프트 뱅크(Left Bank)에 초점을 맞추겠습니다. 우선 여러분이 선택한 와인이 카베르네 소비뇽이 맞는지 확인하려면 와인 생산자, 이 경우 와인 생산지의 이름인 '샤토(Château)'를 알아야 합니다. 마음의 준비를 하세요. 이 와인들을 위해서는 돈을 꽤 써야 하지만, 구대륙 스타일의 중요성을 아는 것은 충분히 가치 있는 일입니다(23페이지 참조).

---
1 (편집자 주) 프랑스의 지방 행정 구역 단위. 한국의 광역자치단체 단위인 도(道)와 비슷하다.
2 (편집자 주) Champagne. 프랑스식 발음은 샹파뉴

1 CABERNET SAUVIGNON

JANUARY

세계에서 가장 유명하고 비싼 와인은 보통 보르도의 상위 5개 샤토인 샤토 라투르(Château Latour), 샤토 무통 로칠드(Château Mouton Rothschild), 샤토 라피트 로칠드(Château Lafite Rothschild), 샤토 오브리옹(Château Haut-Brion), 샤토 마르고(Château Marguax)에서 생산됩니다.

이 지역 이외에도 많은 생산지들이 있으니, 비교적 저렴한 가격의 와인으로 시작하며 보르도 스타일이 여러분의 입맛에 맞는지 먼저 파악해 봅니다. 이 지역에서 생산된 와인은 저렴한 것도 보르도 스타일이 잘 느껴지기 때문입니다. 생산지 이름 없이 라벨에 '보르도'라고만 적혀 있는 기본 보르도 와인만 주의하면 됩니다. 샤토 와인처럼 단일 생산지에서 제조된 것이 아니기 때문입니다. 이상한 느낌이 들거나 의심스러울 때는 구매 전에 와인 숍 직원에게 충분히 물어보고 올바른 생산지의 라벨이 붙어있는 와인을 구매하는 게 좋습니다.

테루아란 무엇일까?

테루아(terroir)라는 단어는 발음하기 조금 어렵지만, 이 용어는 앞으로 와인에 대해 더 많이 알아가는 데 중요합니다. 그리고 포도의 특성에 영향을 주는 토양, 기후, 바람 등 모든 요소를 묘사하는 '테루아'를 딱 한 단어로 옮길 수 없기 때문에, 이 멋진 프랑스어 단어를 그대로 사용하겠습니다. 특정 지역에서 재배된 포도로 만든 와인은 몇 년 후 독특한 테루아를 보입니다. 예를 들어, 포므롤(Pomerol) 지역의 메를로(Merolot) 와인은 특유의 테루아로 랑그독(Languedoc) 지역의 메를로 와인과 구별할 수 있죠.

테루아는 그 의미를 명확하게 파악하기에는 다소 추상적인 개념이지만, 와인을 음미하며 어떤 향이 느껴지는지 주의를 기울이면 조금은 감을 잡을 수 있을 것입니다. 흙 내음인가요, 또는 과일 향인가요? 흙 내음이 난다면 구대륙 와인일 가능성이 높고, 과일 향이 난다면 신대륙 와인을 음미하고 있는 것이죠.

와인의 빈티지는 과연 중요할까?

와인의 빈티지는 와인을 생산할 때 사용한 포도의 수확 연도를 뜻하는 와인 용어입니다. 샴페인과 포트 와인은 넌빈티지라고 부르는데, 수확 연도가 각각 다른 포도들을 혼합하여 만든 와인입니다. 따라서 넌빈티지 와인 병에는 연도가 표시돼 있지 않은 반면, 탄산(발포성)이 없는 와인을 뜻하는 스틸 와인은 거의 항상 포도가 수확된 연도가 표시됩니다. 그렇다면 빈티지가 와인 병에 담긴, 혹은 잔에 따라진 와인에 어떤 영향을 끼칠까요?

빈티지는 단연 와인에 매우 중요한 영향을 미치는 요소입니다. 포도나무가 자라는 동안 날이 너무 더우면 포도는 마치 건포도처럼 쪼그라들어 포도의 즙이 거의 없어지고, 지나치게 익어버린 과일 맛과 향이 나게 됩니다. 반면, 비가 너무 많이 오면 포도알의 부피가 증가하고 맛과 향이 희석되어 와인의 맛이 싱거워지는 데다, 갑작스런 폭우로 물에 잠긴 포도의 과실은 터져 썩을 수 있습니다. 날씨를 골디락스(Goldilocks)[3] 이야기처럼 생각해 보면 됩니다. 너무 뜨겁거나, 너무 습하거나, 너무 건조하면 안됩니다. 훌륭한 빈티지 와인이 만들어지려면 딱 적당한 조건이 충족되어야 하죠.

빈티지가 중요한 또 다른 이유는, 와인은 나이가 들면서 상태가 변하기 때문입니다. 와인의 나이는 포도가 수확된 후 얼마나 오래 숙성되었는지를 뜻합니다. 예를 들어, 포도를 수확한 뒤 곧바로 병에 담아 출시되는 어린 카베르네 소비뇽 와인에서는 술의 알코올 냄새와 맛이 가장 먼저 느껴집니다. 이 와인이 오크통이나 와인 병 속에 담긴 채 시간이 흐르면 알코올성의 강한 열감은 부드러워지고, 와인의 풍미는 잘 섞이고 더 균형 잡힌 와인이 되죠.

또한 어린 레드 와인에 들어있는 타닌은 꽤 강해서 입이 저절로 쫑긋 오므려질 정도인데, 숙성하면 타닌이 수년에 걸쳐 부드러워지면서 입안에서 느껴지는 감각과 풍미의 균형이 잡힌 와인이 됩니다. 카베르네 소비뇽에는 타닌이 많이 함유되어 있기 때문에 마시기 전에 병을 잠시 가만 놔두어서 침전물을 가라앉히는 것이 좋습니다. 만약 기다릴 시간이 충분하지 않다면 와인을 디캔팅하는 방법도 있습니다(23페이지 참조).

와인 숍에서 카베르네 소비뇽을 구입할 때, 직원에게 지금 바로 마실 만한 카베르네 소비뇽이 있는지 물어보세요. 그 와인은 보통 여러분이 처음 생각한 연도보다 몇 년 더 오래된 카베르네 소비뇽일 것입니다.

---

[3] (편집자 주) 영국의 전래동화 《골디락스와 곰 세 마리》에 등장하는 소녀의 이름을 딴 것인데, 동화에서 골디락스는 곰이 끓인 뜨거운 수프와 차가운 수프, 적당한 수프 중 적당한 것을 먹고 기뻐한다.

타닌에 대하여 이야기 해볼까요?

카베르네 소비뇽에 대해 이야기하고 있는 지금이 여러분에게 타닌에 대해 말씀 드리기 딱 좋은 타이밍인 것 같습니다. 카베르네 소비뇽에는 타닌이 가득하기 때문이죠. 레드 와인을 한 모금 마셨을 때 입천장이나 입안 옆쪽에 건조한 느낌이 나는데, 이는 타닌의 영향입니다. 이 감각은 아주 진하게 우린 차를 마셨을 때의 느낌과 아주 비슷하죠.

타닌은 포도의 씨앗, 줄기, 껍질, 그리고 포도주를 숙성시킬 때 사용되는 오크통에서 나옵니다. 어린 레드 와인의 타닌은 매우 강하고 떫을 수 있지만, 와인이 숙성될수록 타닌이 부드러워지면서 맛도 완만해지고 풍성해지죠. 타닌은 와인을 한 모금 마실 때 감각을 더하면서 레드 와인의 구조감을 부여합니다. 이렇게 타닌은 풀 바디 레드 와인의 특성을 결정짓는 요소이자, 레드 와인이 스테이크, 크림치즈, 심지어 유지방이 많이 든 디저트 같이 포만감 있는 음식과 완벽한 조화를 이루게 해주는 주인공입니다.

병에 남은 마지막 와인을 잔에 부었을 때, 짙은 자주색 또는 갈색의 침전물 같은 것들이 와인 잔에 떨어지는 것을 본 적 있나요? 이 침전물도 타닌에서 나온 것입니다. 와인이 숙성될수록 타닌은 응집되고, 붉은 색소, 그리고 '와인 다이아몬드'라고도 하는 주석산염(tartrate, 코르크 마개나 병 바닥에서 볼 수 있는 작은 결정)과 함께 병 안쪽 바닥이나 측면에 침전물을 형성합니다. 대부분 레드 와인에서 발생하는 현상이지만, 오랜 시간 오크통에서 숙성된 화이트 와인(3월에 다룰 샤르도네와 같은)에서도 발생할 수 있습니다.

CABERNET SAUVIGNON

플라이트로 와인 구분하기

하지만 모든 와인 전문가들이 빈티지가 중요하다는 데 동의하지는 않습니다. 어떤 사람들은 숙성되는 햇수로 인한 와인의 변화는 와인 생산자의 변동이나 와인의 숙성 정도보다 덜 중요하다고 생각합니다. 심지어 와인의 가격보다도 덜 중요하다고 믿기도 하죠. 예를 들어, 2019년산 나파 카베르네 소비뇽의 가격은 $65이고 2020년산 캘리포니아 카베르네 소비뇽 와인은 한 병에 $10 정도 하는데, 두 와인은 가격은 물론 품질의 차이도 크다고 볼 수 있습니다.

그리고 카베르네 소비뇽 2000년산과 2001년산을 구분할 수 있는 사람은 전 세계적으로 소수에 불과합니다. 다시 말해서 와인이 만들어진 연도가 와인의 품질을 구분하는 결정적인 기준점이라고 하기는 어렵다는 것입니다. 만약 여러분이 2017년산 키안티를 좋아하지 않는다면, 분명 2020년산 키안티 역시 좋아하지 않을 테죠.

이것을 직접 테스트할 수 있는 재미있는 방법은 와인을 한 잔씩 마셔보는 것입니다. 이것을 '플라이트'[4] 와인이라고 부르는데, 동일한 와인 생산자, 하지만 제조 연도가 다른 카베르네 소비뇽을 세 병 구매하여 차례로 맛을 봅니다. 그런 뒤 와인들 사이의 뚜렷한 차이점을 느낄 수 있는지, 각각의 가격이 그해 좋지 않았던 날씨의 영향으로 인한 결점을 반영하고 있는지 확인합니다.

와인 용어

밸런스 단맛, 산도, 과일, 타닌, 알코올과 나무 향이 균형 있게 잘 어우러진 와인을 말합니다.

빅(Big): 무겁다 이 용어가 와인을 설명할 때 사용되었다면, 여러분의 코를 풍부한 향으로 채우고 입안을 풀 바디의 무게감으로 가득 채우는 와인이라는 의

---
4 (역주) 조그마한 잔에 여러 가지 종류를 따라 놓고 다양하게 맛볼 수 있도록 준비한 플레이트. 샘플러.

미입니다. 이런 와인은 기름지거나 포만감 있는 음식과 페어링할 때 고유의 맛과 향이 빛납니다. 해산물 요리와 조합하기에는 다소 무거운 느낌이 있죠. 카베르네 소비뇽, 진판델, 시라 등의 와인이 대표 주자이고, 때로는 와인 제조사에 따라 메를로도 이렇게 표현할 수 있습니다.

와인 디캔팅 와인을 병에서 디캔터로 옮겨 붓는 과정으로, 이를 통해 와인이 공기와 접촉하며 숨을 쉬게 되고, 알코올의 강한 향이 일부 날아가 부드러워집니다. 마지막에 남는 갈색 침전물을 제거하기 위한 것이라면, 침전물이 병목 가까이에 왔을 때까지만 따르면 됩니다. 병 안에 남겨두는 거죠. 치즈를 만들 때 쓰는 천 거름망을 사용하여 와인의 침전물을 거른 후 디캔터에 붓는 방법도 있습니다.

화려한 분위기를 연출하려는 게 아닌 이상, 크리스털 디캔터는 굳이 필요 없습니다. 유리 카라페를 사용하거나 그냥 큰 유리 그릇에 와인을 따르기만 해도 됩니다.

와인을 '숨 쉬게 하기' 와인을 따르기 전 와인이 숨 쉴 수 있도록 와인 병을 잘 개봉하는 게 좋다는 이야기를 들어보셨을 텐데요. 이는 와인을 디캔팅해서 공기에 노출시키거나, 잔에 따른 다음 흔들어서 향과 특징을 잘 보일 수 있도록 한다는 뜻입니다. 특히 카베르네 소비뇽이나 진판델처럼 알코올 도수가 높은 와인을 마실 때 중요한 과정이며, 어린 레드 와인이 숙성된 후 어떻게 될지 짐작하는 데에도 도움이 됩니다.

신대륙 와인 아메리카, 호주, 뉴질랜드, 남아프리카와 같이 유럽을 제외한 거의 모든 곳에서 생산되는 와인을 말합니다. 미국 캘리포니아에서 생산된 카베르네 소비뇽이라면 신대륙 와인인 것이죠. 신대륙 와인은 포도를 심고 와인을 만들 때 과학 기술을 활용하는 경우가 더 많습니다. 그렇기 때문에 테루아에 크게 의존하지 않고 스타일을 유연하게 바꾸며 각자의 방향을 설정합니다. 신대륙 와인은 대부분 출시되자마자 바로 마실 수 있습니다.

구대륙 와인 보통 유럽에서 생산되는 와인을 일컫습니다. 보르도에서 생산된 카베르네 소비뇽은 구대륙 와인인 것이죠. 구대륙은 '올드 스쿨'이라는 단어처럼 전통을 중시한다는 것을 의미합니다. 와이너리는 대자연의 법칙에 따라 자연스럽게 와인을 제조하죠. 특유의 우아함과 아름다움을 더하기 위해 마시기 전에 약간의 숙성이 필요합니다.

1월의 와인

여러분이 이번 달 와인 클럽의 호스트라면 서로 다른 5개 지역의 카베르네 소비뇽을 이번 달 라인업으로 지정해 보세요. 이때 게스트의 협조가 필요하니, 미리 알려주는 것이 좋습니다. 그리고 와인 병 라벨에 적힌 연도에 집착할 필요는 없습니다. 이번 달에는 여러분이 카베르네 소비뇽을 좋아하는지, 만약 좋아한다면 어느 지역에서 생산된 와인이 취향에 맞는지만 알아보면 되니까요.

앞서 말했듯이 이 포도는 어디서든 자라지만, 이번에는 시음용으로 여러분이 쉽게 찾을 수 있는 와인 몇 가지를 소개합니다.

미국, 캘리포니아 나파밸리(Napa Valley, California, USA) ($15~25)

이 군침 도는 카베르네 소비뇽은 루비색부터 보라색까지 다양한 색깔을 띠며 강렬한 타닌의 맛, 잼 같은 진한 풍미와 오크 숙성의 풍미가 묻어납니다. 가격은 $15부터 $100을 훌쩍 넘는 와인까지 다양합니다. 시음용으로는 대략 $20 정도의 와인이 적절합니다.

미국, 워싱턴주(Washington State, USA) ($15~20)

미국 워싱턴주의 카베르네 소비뇽은 잘 익은 과일 맛으로 유명하지만, 캘리포니아산보다는 타닌의 맛이 조금 가벼운 경향이 있습니다.

프랑스, 보르도(Bordeaux, France) ($30~40)

미국의 카베르네 소비뇽보다 섬세한 개성이 도드라지는 프랑스 카베르네 소비뇽에 빠져들어 봅시다. 과일 맛이 두드러지면서, 비에 젖은 축축한 돌이나 미네랄 같은 흙 내음이 스며들어 있기도 하죠. 보르도의 레드 와인은 항상 2종류 이상의 포도를 혼합해 만들어지는데, 주로 카베르네 소비뇽과 메를로 포도 두 가지가 주인공입니다. 잠시 지리 이야기를 해보겠습니다.

보르도에는 레프트 뱅크(Left Bank), 라이트 뱅크(Right Bank), 그라브(Graves)라는 최고의 와인 생산지 3곳이 있습니다. 그러나 라벨에는 'Left

1 CABERNET SAUVIGNON

Bank'나 'Right Bank'가 아니라 샤토나 생산자 이름으로 표시돼 있죠. 단 그 라브(Graves)는 보르도 안에 있는 지역명이기 때문에, 와인병의 라벨에 'Graves'라고 크게 쓰여 있습니다. 이번 달에는 마르고(Margaux), 생 줄리앙(St-Julien), 뽀이약(Pauillac), 오 메독(Haut-Médoc), 생 테스테프(St-Estéphe)에 위치한 샤토를 포함해 주로 카베르네 소비뇽으로 제조되는 레프트 뱅크 와인 일부도 도전해 봅시다. 이 스타일의 카베르네 소비뇽에 대한 진정한 감각을 느끼기 위해선 라벨에 지역 이름이 적힌 보르도 와인을 찾아야 한다는 것을 꼭 기억하세요.

칠레(Chile) ($15~20)

칠레는 카베르네 소비뇽으로 넘쳐납니다. 구대륙 와인과 신대륙 와인 스타일의 영향을 모두 받은 칠레 와인은 강도와 세련미가 아주 다양하죠. 한 가지 확실한 것은 빨간색과 검은색 과일 향(블랙 체리, 커런트, 무화과)과 타닌이라는 카베르네 소비뇽의 일반적인 특징을 가지고 있지만, 유독 청피망의 맛이 분명하게 느껴진다는 것입니다. 아콩카과(Aconcagua), 카차포알(Cachapoal), 콜차과(Colchagua), 마이포(Maipo) 같은 지역에서는 풍미가 풍부한 훌륭한 카베르네 소비뇽을 매우 합리적인 가격에 만나볼 수 있습니다.

아르헨티나(Argentina) ($15~20)

여러분은 '아르헨티나' 하면 말벡 와인을 떠올릴지도 모르지만, 아르헨티나에서도 칠레처럼 매우 저렴한 가격에 품질 좋은 카베르네 소비뇽을 생산합니다. 가장 큰 포도 재배지인 멘도자(Mendoza)의 와인을 이번 달 와인 라인업에 추가해 보세요.

남아프리카(South Africa) ($15~20)

남아프리카산 와인은 흔하지 않기 때문에 찾기가 쉽지 않을 것입니다. 스텔렌보쉬(Stellenbosch), 팔(Paarl), 로버트슨(Robertson) 지역에서 생산되는 와인을 마셔볼 기회가 있다면 절대 놓치지 마세요. 와인 숍에 미리 전화해서 찾는 와인의 재고가 있는지, 아니면 주문할 수 있는지 문의하는 것이 좋습니다.

호주(Australia) ($15~25)

호주와 뉴질랜드에는 훌륭한 카베르네 소비뇽이 아주 많습니다. 대부분 신대륙 와인 스타일로, 과일 향이 뚜렷하고 마시기 편한 것이 특징입니다. 호주 와인은 캘리포니아의 카베르네 소비뇽처럼 맛이 뚜렷하게 드러나지는 않지만, 그래도 과일이 가장 먼저 확 느껴질 것입니다. 바로사 밸리(Barossa Valley), 맥라렌 베일(McLaren Vale), 랑혼 크릭(Langhorne Creek), 마거릿 리버(Margaret River), 쿠나와라(Coonawarra), 야라 밸리(Yarra Valley) 등에서 찾아볼 수 있습니다.

스파이: 미국, 캘리포니아 메를로(Merlot from California, USA)

($15~25)

이번 달에는 메를로를 카베르네 소비뇽 와인들 사이에 슬쩍 끼워 두고, 메를로가 어떤 병에 들어있는지 맞혀 보세요. 힌트를 드리겠습니다. 메를로는 카베르네 소비뇽보다 와인의 색상이 눈에 띄게 연합니다. 맛은 더 가볍고 부드럽죠.

와인을 즐길 시간

본격적으로 와인을 마셔 볼까요? 시음 노트를 준비해 주세요. 카베르네 소비뇽을 마시면 몸이 따끈해지고 두 볼이 발그레해지죠. 시간을 들여 와인을 눈으로 보고, 코로 향을 맡고, 입으로 맛을 보는 등 모든 감각을 동원하여 최대한 경험해 보세요.

온도와 시간

만약 여러분이 카베르네 소비뇽을 구매했다면 지금 당장 맛보고 즐겨도 괜찮습니다. 카베르네 소비뇽은 일반적으로 포도를 수확한 지 3~5년이 지나면 마실 준비가 됩니다. 라벨에 표시된 연도로 쉽게 알 수 있죠. 숙성은 이미 오크통과 와인 병 속에서 끝난 상태이며, 이미 와인이 최상의 품질이 되었을 때 출시됩니다. 적절한 보관 조건을 갖추고, 시간이 지남에 따라 와인의 과일 맛이 부드

1 CABERNET SAUVIGNON

JANUARY

> 러워지고 구조가 느슨해진다는 것을 알고 있다면 카베르네 소비뇽을 저장하거나 넣어 둘 수도 있습니다.
>
> 카베르네 소비뇽은 보통 상온보다 조금 더 시원하게 마시는 것이 좋습니다. 기온이 21℃ 이상인 경우, 카베르네 소비뇽을 와인 잔에 따르기 전 15~20분간 냉장실에 넣어두세요. 이 부드러운 레드 와인을 맛보기 위한 이상적인 온도는 15.5~18.3℃입니다. 온도가 너무 높으면 알코올 맛이 많이 나서 선명한 과일 맛을 느낄 수 없게 됩니다. 반면 온도가 너무 낮으면 맛과 향을 전혀 식별할 수 없게 됩니다. 다른 무게감 있는 레드 와인과 마찬가지로 와인의 유통기한은 코르크 마개를 제거한 순간부터 2~4일입니다.

색상 카베르네 소비뇽의 색상은 짙은 빨간색부터 루비색, 보라색까지 다양합니다. 어린 레드 와인은 매우 진한 빨간색이지만 20년 된 카베르네 소비뇽은 좀 더 반투명하고, 색이 더 연하며 갈색이 감돌죠. 카베르네 소비뇽을 묘사할 땐 물 같다는 표현이 나올 수는 않습니다. 카베르네 소비뇽을 마실 때 와인 잔에 든 와인이 물처럼 묽어 보인다면 진짜 카베르네 소비뇽이 맞는지 의심해봐야 합니다. 카베르네 소비뇽의 색은 어둡고 짙고, 풍부해야 하죠.

향 캘리포니아산 카베르네 소비뇽은 보르도산보다 과일 향이 더 뚜렷합니다. 맡아볼 수 있는 과일 향으로는 블랙 체리, 블랙 커런트, 카시스 향 등이 있죠. 또한 카베르네 소비뇽에서는 식물성 향이 날 수도 있는데, 아스파라거스 또는 적피망 향도 느낄 수 있습니다. 바닐라, 정향, 흑후추, 코코아, 심지어 감초(리코리쉬) 향도 있죠. 코를 대고 숨을 들이쉴 때 유칼립투스, 민트, 다크초콜릿, 밀크초콜릿 향도 느껴지는지 확인해 보세요. 다른 사람들과도 맡은 향에 대해 이야기해 보세요. 생각보다 다양한 의견이 나올 수 있습니다. 와인이 공기에 오래 노출될수록 향이 많이 변한다는 것을 꼭 기억하세요.

맛 카베르네 소비뇽은 아주 감미롭고 미각을 확 사로잡는 무거운 와인입니다. 조금씩 마시면서 입안에 퍼지는 풍부한 향과 풍미, 바디감, 알코올 향에 주목해 보세요. 카베르네 소비뇽의 알코올 도수는 12~14% 정도입니다. 첫 모금에 느낀 향과 맛이 모두 알코올이었다면, 잔을 조금 흔들어 와인을 숨 쉬게 합니다.

바디감 저는 미디엄에서 풀 바디가 아닌 카베르네 소비뇽을 마셔본 적이 없습니다. 포도의 두꺼운 껍질과 숙성되는 오크통에서 나오는 타닌, 그리고 과일즙이 풍부한 풀 바디로 무게감 있는 인상을 줍니다. 우유 종류로 예를 들어보자면, 카베르네 소비뇽은 밀도 있는 일반 우유에 가깝다고 볼 수 있습니다. 이번 달에는 카베르네 소비뇽을 조금씩 음미하면서, 타닌을 느껴보고 어떤 감각인지 주목해 보세요. 빅(big) 레드 와인을 마신 후 입안이 솜털처럼 가볍게 느껴진다면 타닌이 매우 강하다는 뜻이고, 뺨이나 입천장을 가로질러 건조함이 살짝 느껴진다면 타닌이 부드럽다는 뜻입니다.

피니시 '빅(big)'이라는 주제에 맞춰 더 이야기해보자면, 레드 와인은 주로 무게감 있는(빅) 피니시가 있습니다. 목이 타는 듯한 느낌이 드는 이유가 알코올 도수가 높기 때문이든 타닌 때문이든, 여러분이 방금 카베르네 소비뇽을 마셨다는 것을 실감하게 됩니다. 이 피니시의 느낌이 몇 초 동안 지속되는지 세어 보세요. 밸런스가 잘 잡힌 카베르네 소비뇽은 물이 아니라 와인을 한 모금 더 마시고 싶다는 느낌이 들게 할 것입니다.

맛있는 요리를 먹자

이번 달에는 크리미한 브리 치즈처럼 유지방이 많이 든 한입거리 간식이나 베이컨이나 일본식 바비큐처럼 강한 맛의 요리와 페어링해 봅시다. 카베르네 소비뇽을 마실 때에는 매운 음식은 절대로 추천하지 않습니다. 일반적으로 카베르네 소비뇽과 같은 레드 와인은 다른 와인보다 알코올 함량이 더 높아서 그 자체로도 열감을 발생시키기 때문에, 매운 음식과 페어링하면 불에 기름을 붓는 것 같아서 요리 궁합이 잘 맞지 않죠. 이번 달에는 와인 클럽에서 카베르네 소비뇽과 어울리는 맛있는 요리를 먹고 클럽 멤버들과 행복한 시간을 보내 봅시다.

발사믹 체리와 세이지를 곁들인 구운 브리 치즈	32
허브와 플뢰르 드 셀을 입힌 마르코나 아몬드	33
일본식 BBQ 소고기 꼬치구이	34
베이컨 레드 와인 잼과 피멘토 치즈 크로스티니	36
커피 크림과 프레첼을 곁들인 초콜릿 무스	38

1 CABERNET SAUVIGNON

JANUARY

구운 브리 치즈는 가장 손쉽게 만들 수 있고 만족스러운 에피타이저 중 하나입니다. 테이블 중심에 놓으면 좋은 장식도 되고, 꾸덕하고 따뜻하며 맛있는 간식이 되기도 하죠. 체리를 별로 좋아하지 않는다면 라즈베리나 레드 커런트, 또는 딸기잼으로 대체할 수 있습니다.

발사믹 체리와 세이지를 곁들인 구운 브리 치즈

12~14인분

오븐은 200℃로 예열하고 베이킹 팬에 유산지를 깔아 놓습니다.

작은 볼에 설탕에 절인 체리와 발사믹 글레이즈를 넣고 균일하게 섞일 때까지 잘 젓습니다.

베이킹 팬에 미리 해동한 퍼프 페이스트리 시트를 펼치고, 중앙에 브리 치즈를 놓습니다. 미리 만들어 놓은 체리 혼합물을 브리 치즈 위에 얹고 잘게 다진 세이지를 뿌립니다.

퍼프 페이스트리를 브리 치즈 위로 잘 접습니다. 베이킹 팬에 페이스트리의 봉합한 윗면이 위로 가게 놓고, 풀어 둔 달걀을 브러쉬로 페이스트리 전체에 골고루 바릅니다.

오븐에서 노릇노릇해질 때까지 35~40분 굽습니다. 완성된 브리를 서빙용 접시에 옮겨 담고 크래커를 곁들여 냅니다.

설탕에 절인 체리 80g(½컵)

발사믹 글레이즈 2큰술 (Note 참조)

해동한 퍼프 페이스트리 1장

지름 10cm 원형 브리 치즈 1개 (230g)

다진 신선한 세이지 2작은술

풀어 둔 달걀 1개

곁들일 서빙용 크래커

Note: 발사믹 글레이즈는 발사믹 식초를 당밀의 농도로 맞춰 진하게 졸인 것으로, 마트에서 글레이즈를 구매해 사용하거나 직접 만들어 사용해도 좋습니다.

보통 마르코나 아몬드는 소금을 뿌려 구운 상태로 판매됩니다. 상점에서 이렇게 짭짤한 마르코나 아몬드만 찾을 수 있다면, 신선한 허브를 뿌린 후 따뜻하게 데워서 간단히 맛을 내기만 하면 됩니다.

허브와 플뢰르 드 셀을 입힌 마르코나 아몬드

230g(1½컵) 분량

구운 플레인 마르코나 아몬드 230g

올리브 오일 1작은술

신선한 타임 허브 잎 1작은술

잘게 다진 신선한 로즈마리 1작은술

플뢰르 드 셀 소금 2작은술

오븐은 180℃로 예열합니다.

아몬드는 유산지 없이 베이킹 팬에 펼쳐 두고, 올리브 오일을 뿌립니다. 그 위에 타임과 로즈마리를 솔솔 뿌린 후, 아몬드에 골고루 묻도록 가볍게 흔듭니다. 가볍게 구워져 고소한 향이 날 때까지 오븐에서 10분간 살짝 굽습니다.

오븐에서 꺼낸 아몬드에 플뢰르 드 셀 소금을 골고루 묻힙니다. 그릇에 담고 소금을 위에 조금 더 뿌린 뒤, 따뜻할 때 냅니다.

1 CABERNET SAUVIGNON

JANUARY

일본식 BBQ
소고기 꼬치구이

레드 와인과 붉은 고기의 페어링은 두말할 필요도 없이 완벽합니다. 소고기 꼬치에 뿌릴 소스를 직접 만들고 싶지 않다면, 마트의 해외 식품 코너, 전문 상점, 또는 온라인에서 시판용 일본식 BBQ 소스를 쉽게 구매할 수 있습니다. 이 소스는 쉽고 빠른 마리네이드와 디핑 소스로도 훌륭한 보관용 소스입니다. 이 레시피에서는 25cm 길이의 나무 꼬치 24개 정도가 필요합니다.

얇게 썬 소고기와 BBQ 소스 60ml(¼컵)를 지퍼백에 넣고 주무릅니다. 소고기 전체에 소스가 고르게 묻는 것이 중요합니다. 지퍼백에 넣은 소고기를 최소 2시간에서 최대 하룻밤(8시간)동안 냉장고에서 숙성합니다.

소고기를 꺼내 각 꼬치에 한 조각씩 꿰어 넣어, 포일을 깔아둔 베이킹 팬에 올리고, 꼬치의 손잡이 부분이 타지 않도록 포일로 덮어 둡니다.

오븐을 브로일 모드로 예열합니다.

소고기 꼬치를 올린 베이킹 팬을 오븐의 맨 윗칸에 놓고 브로일 모드로 2분간 굽습니다. 꼬치를 뒤집어 노출된 꼬치 부분이 타지 않도록 포일로 덮고 반대쪽도 2분간 더 굽습니다.

오븐에서 꺼내 접시나 플래터에 담습니다. 남은 일본식 BBQ 소스 약 60ml(¼컵)정도를 조그만 라미킨 그릇에 디핑용으로 담습니다. 쇠고기 꼬치 위에 고명으로 썰어 놓은 파와 고수 잎을 뿌려 서빙합니다.

꼬치
20~24개 분량

결 반대 방향으로 6mm정도로 얇게 썬 치마살 455g

일본식 BBQ 소스 120ml(½컵) (레시피 참조)

다진 대파 20g(¼컵)

신선한 고수 잎 8g(¼컵)

360ml 분량

다진 마늘 3개 분량

사케 6큰술(90ml)

미림 6큰술(90ml)

간장 6큰술(90ml)

설탕 50g(¼컵)

참기름 3큰술

일본식 BBQ 소스 만들기

　작은 냄비에 다진 마늘, 사케, 미림, 간장을 넣고 3분간 끓이다 설탕을 넣고 녹을 때까지 잘 젓습니다. 냄비를 불에서 내려 작은 그릇을 받치고 체에 거릅니다. 참기름을 넣고 조금 식힌 후, 사용하기 전까지 냉장 보관합니다.

1 CABERNET SAUVIGNON

JANUARY

이 잼에는 헤어나올 수 없는 중독성이 있습니다. 얇게 썬 바게트 위에 미국 남부의 주식인 피멘토 치즈를 곁들인 이 요리는 레드 와인, 특히 카베르네 소비뇽과 잘 어울립니다.

베이컨 레드 와인 잼과 피멘토 치즈 크로스티니

베이컨 잼 만들기

큰 소테 프라이팬을 중불에 달구고, 베이컨의 지방이 녹아 나오고 갈색이 되도록 12~14분간 굽습니다. 베이컨을 다 구우면 페이퍼 타월을 깔아 놓은 접시에 베이컨을 올려 기름을 제거합니다.

팬에 베이컨을 구워 나온 기름을 1큰술 정도 프라이팬에 남겨놓고 나머지는 버립니다. 양파와 마늘을 베이컨 기름이 있는 팬에 넣습니다. 양파가 부드럽게 되고 반투명해질 때까지 6~8분 중불에서 볶습니다.

레드 와인, 커피, 식초, 흑설탕, 메이플 시럽, 할라피뇨를 팬에 넣고 2~3분간 바글바글 끓입니다.

베이컨을 다시 팬에 넣고, 뚜껑을 연 채 약불에서 약 45분간 시럽 정도의 농도가 될 때까지 저으며 끓입니다. 맛을 한 번 보고 소금과 후추를 더 추가해도 좋습니다. 완성된 잼은 밀폐용기에 넣어 식힌 후 냉장고에 넣고, 사용해야 할 때는 실온에 미리 꺼내두거나 약간 데워서 사용합니다.

크로스티니
10~12개 분량

13mm 길이로 자른 베이컨 455g

잘게 다진 양파 1개(중간 크기)

다진 마늘 2쪽

레드 와인 60ml(¼컵)

원두커피 120ml(½컵)

사과 식초 60ml(¼컵)

흑설탕 65g(⅓컵)

메이플 시럽 80ml(⅓컵)

신선한 다진 할라피뇨 30g(¼컵)

소금과 갓 간 흑후추

6~13mm 크기로 비스듬히 자른 얇은 바게트 반 개 분량

질 좋은 통 체다치즈 115g
(Note 참조)

강판에 간 양파 1큰술

다진 피멘토 1½큰술 또는 적피망

마요네즈 3큰술

소금

Note: 치즈는 사용 직전에 신선한 통 치즈를 바로 갈아 사용하는 것이 중요합니다. 미리 갈아 포장된 치즈를 사용하면 소스를 완성했을 때 농도가 크게 달라질 수 있습니다.

피멘토 치즈

 푸드 프로세서에 갈아 둔 치즈, 양파, 피멘토, 마요네즈를 넣고 원하는 농도의 퓨레를 만듭니다. 소금을 넣어 간을 맞추고 서빙용 그릇에 담은 뒤, 랩으로 덮고 사용 전까지 냉장 보관합니다.

 완성! 피멘토 치즈 약 2작은술을 각 빵 조각에 펴 바른 다음 베이컨 잼 ½~1작은술을 위에 얹습니다. 바로 냅니다.

CABERNET SAUVIGNON

이 초콜릿 무스는 여러분의 인생 간식이 될 것입니다. 초콜릿, 다크 코코아, 커피 향이 어우러진 이 디저트는 카베르네 소비뇽과 함께하는 1월의 와인 클럽에 제격입니다.

커피 크림과 프레첼을 곁들인 초콜릿 무스

초콜릿 무스 만들기: 내열 그릇에 초콜릿을 넣습니다.

작은 냄비에 중불로 크림 240ml(1컵)을 넣고 끓입니다. 초콜릿 칩에 붓고 녹을 때까지 젓습니다.

다른 그릇에 남은 크림 240ml(1컵)과 슈가 파우더를 넣습니다. 핸드 믹서로 중간 피크가 형성될 때까지 중-고속으로 젓습니다.

고무 주걱을 사용하여 휘핑크림을 초콜릿 혼합물에 세 번에 걸쳐 넣고 부드럽게 접듯이 섞습니다.

완전히 섞인 혼합물을 숟가락으로 작은 라미킨 8~10개에 각각 반쯤 채운 다음 냉장고에 넣어 둡니다.

8~10인분

초콜릿 무스 재료

다크초콜릿 칩 280g

생크림 480ml(2컵)

슈가 파우더 30g(¼컵)

커피 크림 재료

인스턴트 커피 가루 30g(¼컵)

설탕 50g(¼컵)

끓는 물 60ml(¼컵)

미니 프레첼 24~30개

커피 크림 만들기: 믹싱볼에 커피 가루, 설탕, 끓는 물을 넣고 설탕이 녹을 때까지 젓습니다. 핸드 믹서로 빳빳하고 윤기 있는 뿔이 형성될 때까지 약 4분 동안 휘핑합니다. 라미킨 용기에 담긴 초콜릿 무스 위에 1~2큰술을 얹고, 냉장고에 보관합니다.

완성하기: 각 라미킨 위에 프레첼 3개를 올리고 서빙합니다.

FEBRUARY
2

시라와 함께 올 겨울을 따뜻하게 보낼 준비를 하시길 바랍니다. 프랑스와 캘리포니아 시라의 가격표를 보며 너무 주눅 들 필요는 없습니다. 대부분의 와인 숍에 이 와인의 다른 이름인 시라즈(호주에서 흔히 볼 수 있는 와인)가 있고, 심지어 꽤 저렴하죠. 이번 달에는 시음회를 위해, 비싼 프랑스산과 캘리포니아산 시라 두 가지 모두 구매하도록 합니다. 시라즈보다 시라가 확실히 더 비싼 편이지만, 나란히 시음을 해 보면 확실히 그 차이를 알 수 있게 됩니다.

시라/시라즈 알아가기

이 두 포도는 태어나자마자 떨어진 일란성 쌍둥이와 같습니다. 유전적으로는 완전히 똑같지만 잔 안에 담긴 두 와인의 맛은 아주 드라마틱하게 다르죠. 여러분이 맛볼 와인의 맛은 이 포도가 어디서 태어나고 자라며, 덩굴에서 배럴까지 누가 길렀느냐에 따라 달라집니다. 프랑스의 지역, 북부 론 지역이 멋진 시라로 찬사를 받고 있지만 몇몇 보석 같은 와인들은 랑그독처럼 남부에서도 납니다.

단언컨대, 시라즈는 호주가 사랑하는 포도입니다. 호주는 이 포도가 얼마나 맛있어질 수 있는지 증명하는 데 성공하면서 와인 산업에서의 명예와 행운, 부까지 얻어냈습니다. 캘리포니아에서는 시라라고 부르고 남아프리카는 시라즈라고 부릅니다. 그래서 이번 챕터에서는 프랑스와 캘리포니아의 시라를 이야기할 때는 '시라', 다른 곳에서 온 시라는 '시라즈'라고 부르겠습니다. 냄새와 향으로 이 둘의 차이를 알 수 있습니다.

론 101(Rhône 101)

이번 달에 맛볼 모든 와인에는 프랑스 와인이 아니라면 라벨에 '시라' 또는 '시라즈'라고 명확하게 적혀 있습니다. 아마 지금쯤이면 알게 되셨을 텐데, 프랑스인들은 일반적으로 포도의 이름 대신 포도가 자라는 지역의 이름을 따서 와인의 이름을 짓습니다.

일반적으로 론(Rhône) 지역의 와인은 코트 뒤 론(Côtes du Rhône)이라고 불립니다. 론 지역의 재배 구역은 크게 남과 북으로 나눌 수 있는데, 이번 달이 지나면 여러분은 아마 북부 론에 정착하게 될 겁니다. 다른 포도들도 북부 론에서 자라지만(예를 들어 5월에 곧 음미하게 될 비오니에) 이 지역의 여왕은 단연 짙은 색의 블랙 시라입니다. 다음과 같은 재배 지역이 라벨에 표시되어 있습니다.

에르미타주와 코트-로티(Hermitage and Côte-Rôtie) 이 와인은 저장되어 있던 커다란 오크통의 특성처럼 거인같이 파워풀합니다. 숙성하면서 타닌이 강해지고 알코올 도수도 높아지는데, 카베르네 소비뇽을 마실 때 배운 것처럼 이러한 몇 년간의 숙성을 통해 더 좋은 와인이 됩니다. 출시되었을 때 바로 따서 마실 수도 있지만, 숙성이 되면서 나타나는 풍부한 초콜릿이나 담배 같은 특성들을 놓치게 될 수도 있습니다.

코르나스, 세인트 조셉, 크로제스 에르미타주(Cornas, St-joseph, Crozes-Hermitage) 비교적 인기가 덜한 라인입니다. 인기와 가격은 보통 비례하는 경향이 있는데, 이게 바로 중요한 지점입니다. 이 어린 와인들은 풍미가 풍부한데 가격은 꽤 매력적입니다. 다른 와인들에 비해 세인트 조셉이나 크로제스 에르미타주의 시라 와인은 출시되자마자 마시기에도 더 좋습니다.

서던 론 밸리(Southern Rhône Valley) 남쪽으로 조금 더 들어가면, 그르나슈 포도로 만든 매우 유명한 와인과 다양한 포도 블렌드로 만든 훌륭한 와인을 발견할 수 있을 것입니다. 가장 잘 알려진 블렌드는 샤토뇌프 뒤 파프(Château-neuf-du-Pape)로, 시라와 다양한 적포도 품종을 혼합하여 만들어진 레드 와인으로 많으면 13가지의 포도를 사용하기도 합니다.

적포도와 백포도를 섞는다는 게 좀 낯설 수 있겠지만, 이런 일은 생각보다 자주 일어납니다. 북부 론 밸리에서 생산되는 시라 와인의 구성에서는 시라 포도의 비중이 제일 크긴 하지만, 사실 대부분 소량의 백포도를 블렌딩한 것입니다. 비오니에(Viogner)는 코트 로티(Côte Rôtie)에 주로 블렌딩되고, 에르미타주, 크로제스 에르미타주, 세인트 조셉에는 소량의 로잔(Roussanne)과 마르잔(Marsanne)을 섞습니다. 코나스(Cornas)만 유일하게 백포도를 조금도 섞지 않기 때문에, 순수한 시라라고 할 수 있습니다.

여기서 잠시, 여러분이 알아야 할 것은 론 시라에 들어가는 화이트 와인의 양이 얼마나 되는지 신경 쓸 필요는 없다는 것입니다. 여기서 중요한 것은 이 프랑스 생산자들이 일부 백포도 품종에서 약간의 추가적인 킥을 얻고 있다는 점이죠. 프랑스어로 'Je ne sais quoi'라고 하는데, 말로는 설명하기 어려운 특별한 매력을 의미합니다.

와인에는 온갖 냄새가 난다

와인에서 항상 향기로운 장미 향만 나는 것은 아닙니다. 론 시라는 테이블에 이상한 냄새를 풍기는 주범 중 하나이기도 합니다. 처음 냄새를 맡았을 때 뭔가 불쾌한 냄새가 난다면, 숨기지 말고 시음회를 같이 하는 사람들과 의견을 나누세요. 화이트 와인보다 레드 와인에서 나쁜 와인을 가려내는 것이 훨씬 어렵습니다. 레드 와인의 향이 결점을 가려주기 때문이지요. 그러나 허용 가능한 것으로 간주되는 특정 악취도 있습니다. 나중에는 심지어 고양이 오줌과 농장 냄새가 나는 와인까지 보게 될 것입니다. 지금은 후천적인 향이라고 부르도록 합시다. 제가 장담하는데 고무 타는 냄새가 와인에게 기대하는 향이 될 거라고는 절대 생각하지 못하셨을 겁니다. 하지만 시라는... 조금 더 이야기해 보죠.

시라에 관한 한 여러분은 다크한 종류의 베리와 자두 같은 과일 향부터 약간 이상한 향신료까지 온갖 냄새를 맡게 될 것입니다. 하지만 진짜로 와인 잔을 돌리고 향을 맡기 전에, 좋지 않은 냄새들에 대해 조금 이야기 해보겠습니다.

코르크 테인트

와인을 설명할 때, '코르크 테인트(cork taint)' 또는 '콜크드(corked)'라는 용어를 들어보셨을 것입니다. 이 말은 단순히 코르크 마개가 부러졌다는 뜻이 아니라, 불량 코르크로 인해 TCA(코르크나 와인이 숙성 및 보관되던 오크통에서 악취가 나는 화학 화합물)가 나와 와인을 오염시켰다는 뜻입니다. 물론 이 TCA가 건강을 해치지는 않겠지만, 와인을 마시는 것은 아주 즐거운 일인데 이 즐거움을 충분히 망칠 수는 있죠.

대부분의 경우 TCA는 눈에 잘 띄지 않을 정도로 적은 양이지만, 때로 와인에서 퀴퀴하고 곰팡이가 핀 냄새가 나게 합니다. 그것은 남동생의 더럽고 축축한 양말에서 나는 냄새, 혹은 우리가 온종일 눈밭에서 논 다음 제대로 말리지 않은 옷에서 나는 냄새와 비슷합니다. 와인에서 그런 냄새를 맡게 되면, 그 와인은 절대로 마시지 마세요.

만약 여러분이 레스토랑에서 그런 와인을 만났다면, 돌려 보내세요. 와인 숍에서 산 와인에서 이런 냄새가 난다면, 환불 요청을 해야 합니다. 생각보다 꽤 많은 양(5~15%)이 콜크드 와인입니다. 그러니 만약 여러분이 와인에서 축축한 양말 냄새를 맡는다면, 여러분의 판단을 믿고 다른 병을 여세요.

와인이 끓다

와인에 일어날 수 있는 또 다른 비극은, 바로 와인이 '끓었을' 때입니다. 끓은 와인(cooked wine)이라는 용어는 말그대로 '와인이 익었다'라는 의미입니다. 어떤 방식이든 와인이 병입된 후, 높은 온도에 방치되고 익어버린 와인이죠. 결과적으로 과일의 향보다 자두 조림에 가까운 향을 가진, 움프(oomph, 입 안을 꽉 채우는 힘)가 없는 얇은 와인이 됩니다. 포트 와인 같은 특정 종류에서는 졸인 자두 향이 나기도 하지만, 시라를 비롯한 대부분의 레드 와인에서 맡을 법한 향은 아닙니다.

아마도 한번쯤은 자신도 모르는 사이에 끓은 와인을 맛보았을 것입니다. 만약 여러분이 캡슐(와인의 입구와 목을 감싼 포일)을 제거했을 때 코르크 마개에 와인이 샌 흔적이 보이거나, 병을 만졌을 때 손가락에 찐득하게 묻어나면 안에 있는 와인이 '끓었을' 가능성이 높습니다. 또한 캡슐을 제거하기도 전에 코르크 마개가 포일을 뚫고 삐져 나왔을 때도 와인이 끓었다는 것을 짐작할 수 있습니다. 와인을 구매하기 전에 꼭 병의 코르크 마개를 확인하세요. 병목에 딱 맞게 들어가 있어야 하고, 튀어나와 있지 않아야 합니다.

와인이 끓는 원인은 다양합니다. 때로는 유통업체가 와인 상자를 더운 밖에 놓아두는 실수를 범할 수도 있고, 여름철 매장 내에 냉방 시스템이 제대로 갖춰지지 않은 경우도 있죠. 뜨겁게 달아오른 배달 트럭이 원인일 수도 있고, 아니면 여러분이 보관을 잘못했을 수도 있을 것입니다. 저는 친구 집에 방문했을 때, 친구가 와인을 냉장고 위에 보관하는 것을 몇 번이나 목격했습니다. 절대 그러지 마세요! 보통 냉장고는 위가 따뜻하고, 뒤쪽 모터에서 뜨거운 바람이 나오기도 해서 와인 보관에 좋은 장소는 아닙니다. 만약 집에 와인 셀러나 와인 냉장고, 건조하고 서늘한 지하실이 따로 없다면 와인은 어둡고 시원한 옷장 뒤쪽이나 찬장 안쪽에 보관합니다. 하지만 이 역시도 임시 저장소로만 사용하는 것이 좋습니다.

유황 또는 타는 고무 냄새

와인을 잔에 따르고 향을 맡아 보세요. 과일과 향신료, 막 갈아낸 신선한 흑후추 향도 나지만, 이상한 고무 타는 듯한 냄새가 나는 경험을 해 본 적이 있으신가요?

여러분이 맡은 냄새는 타이어 타는 냄새가 아니라, 이산화황산입니다. 일반적으로 병입 과정에서 와인을 보존하기 위해 사용되지만, 와인에 다량으로 들어가면 자극적으로 느껴지기도 합니다. 이 냄새를 좋지 않은 향 중의 하나로 기억하시길 바랍니다. 북부 론에서 생산된 시라를 마시는 것이 아니라면 말이죠.

믿거나 말거나 사실 유황 냄새는 이산화항산의 첨가로 인한 것이 아닙니다. 완전히 숙성되지 않은 시라는 이 고무 탄 냄새를 내기도 하는데, 아르데슈(Ardéche)와 같은 론의 특정 지역은 이 냄새가 나는 와인을 생산할 가능성이 높고 이것이 실제 시라의 개성이라고 말하기도 합니다(역시 프랑스답죠). 보통 와인 잔을 돌리다 보면 내략 1~2분 후에 향이 날아갑니다. 와인 향을 맡을 때 이런 힌트를 찾는다면 론 시라라고 장담해도 좋습니다.

와인 용어

과일이 먼저 느껴진다(fruit forward) 이 용어는 가장 먼저 과일의 풍부한 맛을 보여주는 와인을 설명할 때 사용합니다. 처음 와인을 열었을 때 흙 냄새와 다른 향신료의 냄새가 풍긴다면 그 와인은 절대 'fruit forward'가 아닙니다. 와인에 따라서는 첫 향에 베리류나 열대 과일의 향이 느껴지기도 합니다. 첫 모금도 마찬가지입니다. 와인에 이 용어를 사용하려면 가장 먼저 나는 맛이 과일이어야 합니다.

프티 시라(Petite Sirah) 시라(Syrah)와 비슷한 이름이고, 시라처럼 보이고 시라의 향과 맛이 날 수도 있지만, 사실은 시라가 아닙니다. 프티 시라는 북부 캘리포니아에서 자라는 다른 종류의 포도입니다.

뱅 드 페이(Vin de pays) 지역 등급 와인을 말합니다. 특정 지역에서 생산되며, 특정 품종으로 제한됩니다. 이 생산의 특수성 때문에 뱅 드 타블보다 더 우수한 와인으로 여겨집니다.

뱅 드 타블(Vin de table) 지역이나 품종 제한 없이 만들어지는 프랑스식 테이블 와인입니다.

와인에도 다리가 있다?

와인 세계에서는 흔히 와인의 다리(wine leg)에 대해 이야기합니다. 와인 잔을 가볍게 돌렸을 때, 와인이 잔의 안쪽을 흘러내리면서 형성되는 작은 와인 줄기, 즉 흐름입니다.

이 흐름이 얇을 때 와인의 다리가 느슨하거나 가늘다고 하는데, 이것은 와인이 라이트 바디, 혹은 미디엄 바디 정도의 바디감을 가진다는 지표입니다. 소비뇽 블랑이 일반적으로 가느다란 다리를 갖고 있지요. 다리가 무겁다는 건 알코올 도수가 높다는 신호이자, 카베르네 소비뇽이나 시라처럼 점성 있는 풀 바디 와인이라는 뜻이기도 합니다.

그러니 시라를 잔에 따르고 다리를 확인해 보세요. 한 모금 마시기도 전에 바디감을 확인할 수 있을 겁니다.

2월의 와인

이번 달에는 프랑스의 두 지역에서 온 시라와 캘리포니아에서 온 시라, 그리고 호주산 시라즈를 맛보겠습니다.

프랑스, 론 지역(Rhône Region, France)   ($15~20)

코트 뒤 론, 코트-로티, 세인트 조셉 또는 크로세즈 에르미타주는 모두 북부 론에서 온 것으로 오크 향이 약간 나는 풀 바디의 와인입니다.

프랑스, 랑그독 지역(Languedoc Region, France)   ($12~15)

프랑스의 뱅 드 페이(지역 등급 와인) 중 약 80%는 햇볕이 가득한 프랑스 남부에 자리 잡은 랑그독 지역에서 생산됩니다. 이 지역은 생산량이 많은 것으로도 유명하지만, 감초와 생강, 향신료 향이 나는 잼 같고 둥근, 질 좋은 레드 블렌딩 와인을 생산합니다. 일반적으로 이 레드 와인은 북부 론의 섬세한 와인보다 더 저렴하고 쉽게 마실 수 있다는 게 특징입니다.

미국, 캘리포니아(California, USA)   ($15~20)

캘리포니아에서 온 이 풍성한 풀 바디의 시라는 흑후추, 감초, 유칼립투스, 민트 향이 대표적인 특성입니다.

호주, 시라즈(Shiraz from Australia)   ($15~20)

이 신대륙 와인은 붉은 과일과 향신료 등 시라의 전형적인 특성을 보여주면서도, 보다 풍미가 진하고 강렬하게 표현된 스타일입니다.

스파이: 캘리포니아 카베르네 소비뇽(Cabernet Sauvignon from California)   ($15~20)

지난 1월에는 나파 밸리의 카베르네 소비뇽을 소개해 드렸죠. 이번 달에는 기억을 되살리는 의미로 그중 하나를 스파이 와인으로 삼아 보겠습니다.

와인을 즐길 시간

시라와 시라즈는 일단 잔에 따르면 서로 다른 매력을 뿜어내지만, 어느 쪽이든 이 두 와인의 레드 퍼플 벨벳 색감에 흠뻑 매료될 것입니다. 그리고 이 와인은 다른 어떤 포도들보다도 다양한 향을 내뿜습니다. 어떤 와인은 과일의 향이 가장 먼저 나고, 또다른 와인은 흑후추와 매운 향이 훅 끼칩니다. 드물게 꽃과 초콜릿 향이 나기도 합니다. 이처럼 매력이 너무 다양해서, 가장 좋아하는 와인을 딱 하나 고르는 건 참 어려운 일입니다.

온도와 시간

묵직하고 타닌이 강렬한 레드 와인 시라는 실온에서 즐길 때가 가장 좋습니다. 즉 너무 차가운 냉장고에 넣거나, 너무 뜨거운 냉장고 위에 보관하지 않아야 한다는 뜻입니다. 물론 여러분이 어떤 공간에 사는지에 따라 '실온'이라는 게 다를 수 있는데, 일반적으로 와인에 대해서 설명할 때 실온이라는 것은 16.7℃에서 18.3℃ 사이를 말합니다.

색상 시라와 시라즈는 지난 달에 맛본 카베르네 소비뇽보다 짙은 보라색입니다. 이 두 와인의 색깔은 갈색을 띤 빨간색에서부터 깊고 진한 핏빛까지 다양한데, 갈색이 도는 와인은 론 지역에서 온 것일 가능성이 높습니다. 시라, 시라즈는 모두 밀도가 높고 짙은 색을 띠기 때문에, 시음회에 나온 여러 와인 중 색이 좀 옅은 것이 있다면, 스파이 와인일 가능성이 높습니다.

향 시라, 시라즈에서 가장 많이 나는 향신료 향은 신선하게 막 갈아낸 흑후추입니다. 만약 후추 그라인더가 있다면, 시음회를 시작하기 전, 후추를 약간 갈아서 조그만 라미킨 그릇에 담아 손님들이 향을 맡을 수 있도록 준비해 두면 이 와인의 후추 향을 느낄 때 도움이 됩니다. 모든 시라/시라즈에는 흑후추 같은 향이 나는 경향이 있거든요.

론 지역의 와인은 건포도, 향신료, 스모키한 향이 풍부하며 초콜릿, 담배, 가

SYRAH/SHIRAZ

죽, 흙의 향도 맡을 수 있습니다. 자두와 베리의 향을 보여줄 수도 있지만 일반적으로 과일 향이 두드러지게 나오지는 않습니다. 반면 호주 시라즈는 잘 익은 과일 향이 가장 먼저 나오고, 이어서 초콜릿, 흑후추, 그리고 달콤한 향신료가 나오죠.

캘리포니아 시라는 정향과 같은 달콤한 향신료 등의 특성이 보이기도 하며, 제비꽃 등의 꽃 향기도 납니다. 시라/시라즈 와인이 담긴 잔을 돌리다 보면, 다크 초콜릿, 코코아, 민트 및 감초 등의 향도 맡을 수 있습니다. 이 외에도 다른 향이 나는 것 같다면, 아마 훈제 고기나 젖은 바위의 향일 것입니다. 이번 달 스파이 와인에서는 블랙 체리, 카시스, 아스파라거스, 피망, 바닐라 향까지도 맡아볼 수 있습니다.

맛 시라의 향은 그대로 맛으로 이어집니다. 향신료와 흙내음, 건포도 같이 잘 익은 과일과 열매의 향과 맛을 아주 잘 느낄 수 있습니다. 시라즈는 후추와 초콜릿 노트가 있는 프루티 레드(fruity red) 와인으로, 농축된 과일 특성이 강합니다. 론의 시라에서는 과일의 향이 적극적으로 드러나지는 않지만, 향신료 향과 어우러져 분명히 느낄 수 있습니다.

바디감 시라/시라즈는 풀 바디 와인 중에서도 상위를 차지하는데, 일반적으로 지속되는 타닌과 함께 입안을 풍부하게 채웁니다. 이달의 스파이 와인에서도 타닌이 강하게 느껴지지만, 입안을 채우는 느낌이 부드럽거나 풍부한 느낌은 아닙니다.

피니시 이 묵직한 레드 와인들은 타닌의 함량이 높은 경향이 있어서, 만약 여러분이 아주 어린 론 시라를 맛본다면 입이 오므라드는 걸 느낄 수 있을 것입니다. 시큼해서가 아니라, 타닌의 드라이함이 뺨이 붙는 느낌을 주죠. 그리고 잘 만들어진 시라/시라즈는 피니시에서 과일과 타닌의 균형이 조화롭습니다.

2 SYRAH/SHIRAZ
FEBRUARY

맛있는 요리를 먹자

이 스파이시한 레드 와인은 겨울철 몸을 녹이는 따뜻한 음식들과 잘 어울리고, 그릴 요리, 피자 등과도 잘 어울립니다. 제 취향에 꼭 맞는 와인이죠. 사람들은 보통 레드 와인을 풍부하고 크리미한 프랑스 음식과 함께 페어링해야 한다고 생각하는데, 어떤 경우에는 맞는 말이지만 생각보다 간단한 요리와 페어링해도 잘 어울립니다.

매운 소시지, 고구마, 퀴노아 핑거푸드	57
프렌치 브레드 부라타 피자와 아르굴라	58
염소 치즈, 아몬드, 프로슈토가 들어간 대추야자	60
솔티드 스윗 토피 바	61

약간의 매운맛, 약간의 달콤함이 어우러진 이 바삭한 음식은 시라와 완벽한 조합을 이룹니다. 미리 만들어 놓고 냉동 또는 냉장 보관해 두었다가, 서빙하기 바로 직전에 따뜻하게 데워서 내어도 됩니다.

매운 오이피, 고구마, 퀴노아 핑거푸드

20~22개 분량

껍질을 벗기고 깍뚝 썬 생고구마 140g(1컵)

익힌 퀴노아 140g(¾컵)

껍질을 제거한 매운 소시지 230g

소금 ¾작은술

달걀 1개

허니 머스타드,
마늘 아이올리,
렌치 드레싱 등
좋아하는 디핑 소스

오븐을 180℃로 예열하고 쿠킹 포일을 베이킹 팬에 깔아 놓습니다.

전자레인지용 그릇에 고구마와 물 2큰술을 넣고 랩으로 덮은 뒤, 강 모드로 중간에 한 번씩 섞어가며 6~7분간 익힙니다. 고구마가 익으면 물은 따라 버리고, 포크로 완전히 잘 으깨어 실온에서 식힙니다.

큰 그릇에 미리 익혀 놓은 퀴노아, 케이싱을 제거한 소시지, 으깬 고구마, 소금, 달걀을 고무 주걱으로 골고루 잘 섞습니다.

만들어진 혼합물을 미트볼 사이즈로 동그랗게 빚어 베이킹 시트 위에 가지런히 올리고, 오븐에서 20분간 굽습니다. 구워졌다면 오븐에서 꺼내어 브로일러 밑에 2분간 넣어두면 입맛 도는 황금빛 갈색이 됩니다.

10분 정도 식힌 다음 디핑 소스와 함께 서빙합니다. 며칠 전에 미리 만들어서 냉장고에 보관해도 괜찮은데, 이때는 오븐에서 10분 정도 따뜻하게 데워서 내놓습니다.

프렌치 브레드 부라타 피자와 아르굴라

냉동 프렌치 브레드 피자와는 비교도 안 될 만큼 훌륭한 레시피입니다. 남은 토마토 페이스트를 활용하는데 토마토 버터만큼 좋은 방법도 없죠. 풍미가 깊고, 바삭하게 구운 빵과도 잘 어울립니다. 부라타 치즈를 반으로 갈라 그 크리미한 속을 빵 위에 얹으면 그 자체로 멋진 간식이 됩니다.

오븐 중앙에 랙을 놓고 브로일러를 높게 예열합니다. 베이킹 팬 위에 유산지를 깝니다.

피자 만들기: 빵의 자른 부분을 벌려 베이킹 팬에 깔고 양쪽에 올리브 오일을 바른 후, 갈릭 파우더와 파마산 치즈를 골고루 뿌립니다. 베이킹 팬을 랙의 가운데 놓고 노릇노릇해질 때까지 2분간 굽습니다.

빵을 꺼내고, 오븐 온도를 230℃로 낮춰 둡니다.

24개 조각 분량

바게트 1개(샌드위치처럼 세로로 반 자른다)

올리브 오일 2큰술

마늘가루 1큰술

파르메산 치즈가루 2큰술

잘게 자른 모차렐라 치즈 40~60g(½~¾컵)

부라타 볼 230g

엑스트라 버진 올리브 오일 (요리에 뿌리는 용도)

아르굴라 10g(½컵)

코셔 소금

후춧가루(선택 가능)

토마토 버터 재료

실온에 둔 무염 버터 110g(½컵)

토마토 페이스트 3큰술

다진 마늘 1큰술

토마토 버터 만들기: 작은 푸드 프로세서에 버터, 토마토 페이스트, 마늘을 넣고 짧게 갈아서 듬성듬성 잘리고 잘 섞이도록 합니다. 미리 구워 둔 바게트 빵에 토마토 버터를 골고루 바릅니다.

피자 완성하기: 잘게 자른 모차렐라 치즈를 바게트 양쪽에 골고루 뿌립니다. 베이킹 팬을 오븐에 다시 넣고 부풀어 오를 때까지 5~6분 굽습니다.

손으로 부라타를 쪼개어 바게트 양쪽에 부라타 볼 하나씩을 바릅니다. 엑스트라 버진 올리브 오일을 뿌리고 아르굴라, 소금, 후춧가루(선택 가능)을 뿌려 마무리합니다.

바게트를 한 쪽을 12개 조각으로 썰어 서빙합니다.

염소 치즈, 아몬드, 프로슈토가 들어간 대추야자

바으로 가른 대추야자에 염소 치즈 1자은숟씩을 넣어 채우고, 아몬드 하나씩을 치즈 가운데 밀어 넣습니다. 프로슈토 한 장씩으로 감쌉니다.

중강불에 프라이팬을 올리고 올리브 오일을 두릅니다. 만들어 놓은 프로슈토 대추야자 롤을 올려 한쪽 면당 대략 1분 동안 익히면 프로슈토가 바삭해지고 약간 카라멜화됩니다. 팬에서 내리고 랙에 올리거나 페이퍼 타월로 감싸 기름기를 약간 뺍니다. 따뜻할 때, 혹은 실온 온도로 냅니다.

사랑받는 애피타이저 (Hors d'oeuvre), 달콤하고 고소한 데블스 온 호스백을 견과류로 재해석한 제품입니다.

24개 조각 분량

씨 제거하고 반으로 가른 대추야자 12개

염소 치즈 55g

통아몬드 24개, 데쳐서 껍질을 벗겨 준비

얇은 프로슈토 6장 (4등분으로 잘라 준비)

올리브 오일 2~3큰술

팬트리 안에 있는 재료만으로 간단하게 만들 수 있는 훌륭한 요리입니다. 이 디저트를 완성하는 데에는 10분도 걸리지 않는 데다 과정도 재미있습니다. 짭짤하고 달콤한 견과류 바 한 입으로 이번 달의 와인 클럽을 완벽하게 마무리할 수 있습니다.

솔티드 스윗 토피 바

바 16개 분량

체다 맛 골드 피쉬 크래커[1] 200g(2컵)

감자칩 600g(3컵)

히스(Heath) 토피 바이츠 230g

잘게 다진 피칸 30g(¼컵)

연유 400g

오븐은 180℃로 예열합니다. 20x20cm 베이킹 접시에 유산지를 깔아둡니다.

큰 지퍼백에 크래커와 감자칩을 넣고 밀대나 와인 병 등으로 거칠게 부숩니다(너무 으깨지지 않도록 합니다).

부순 피자를 볼에 넣고, 토피 바이츠와 피칸을 넣고 골고루 섞습니다. 연유를 뿌리고 골고루 스며들게 합니다.

미리 준비한 베이킹용 그릇에 혼합물을 고르게 잘 담아 오븐에서 20~25분간 굽습니다.

완성된 토피 바는 오븐에서 꺼내어 완전히 식힙니다. 식으면 유산지째로 꺼내 16개의 정사각형으로 자르고 서빙합니다.

---

1 (역주) 한국에서는 뽀또 치즈맛을 사용하면 비슷하다. 안의 크림을 모두 제거하고 사용한다.

MARCH
3

자, 우리는 이제 봄을 맞이하여 레드 와인에서 화이트 와인으로 방향을 돌리겠습니다. 화이트 와인의 여왕으로 불리는 샤르도네를 즐겨 볼까요? 제가 기상 캐스터는 아니지만, 바람이 따뜻해질 쯤이면 레드 와인보다 화이트 와인이 훨씬 더 재미나진다는 것은 분명합니다. 샤르도네는 세계에서 가장 인기있는 화이트 와인이기 때문에 화이트 와인의 세계로 나아가기 위한 완벽한 시작이 될 것입니다.

솔직히 말하자면 사람들은 샤르도네에 꽤 안 좋은 인식을 가지고 있었습니다. 몇 년 전만 해도 미국인들은 좀 더 풍부하고, 버터 느낌이 나며 오크 향이 많이 날수록 좋은 샤르도네라고 생각했습니다. 그래서 와인 제조업자들은 이렇게 샤르도네를 만들었죠. 하지만 오크 향이 강하게 나는 와인은 가볍게 마시기도 쉽지 않고, 음식과 어울리기도 어렵습니다. 또 다른 오해 하나는, 모든 샤르도네가 앞에 나온 특성들을 갖고 있다고 생각하는 것입니다. 하지만 여러분은 곧 이 이야기들이 진실이 아니라는 것을 알게 될 것입니다.

이번 달에는 수천 명의 와인 애호가들이 계속해서 찾게 만드는, 샤르도네의 또 다른 매력을 배우게 될 것입니다. 포도 품종은 또 얼마나 다양한지! 오크 향에 가려진 절묘한 샤르도네의 세계로 여러분을 인도하겠습니다.

샤르도네 알아가기

전 세계적으로 샤르도네는 피노 누아(Pinot Noir), 피노 뫼니에(Pinot Meunier)와 블렌딩하여 샴페인 등의 스파클링 와인으로 만들어지며, 12월에 맛볼 맛있는 블랑 드 블랑의 대표 주자입니다. 이 사실들이 여러분의 마음을 사로잡지 못했다면, 이건 어떤가요? 샤르도네는 다른 품종과 블렌딩하지 않아도 충분한, 아주 고급스러운 품종 중의 하나입니다. 심지어 비교적 재배가 용이한 편으로, 전 세계의 포도밭지기들이 가장 사랑하는 품종이기도 합니다.

요즘에는 어느 곳에서든 샤르도네를 맛보는 게 어렵지 않지만, 1960년대에는 프랑스를 제외하고 거의 알려지지 않았습니다. 이제는 호주를 비롯해 미국의 캘리포니아(특히 카네로스와 남쪽의 센트럴 코스트), 오리건주와 워싱턴주, 아르헨티나, 남아프리카 등에서도 샤르도네를 만날 수 있습니다. 사실 샤르도네 품종은 리슬링이나 소비뇽 블랑 등의 다른 화이트 와인 품종과는 다르게 적응력이 좋아서 사실상 어디에나 있다고 봐야 하죠.

부르고뉴의 즐거움

프랑스 와인은 보통 라벨에 어떤 포도로 만들었는지 써 두지 않기 때문에, 구매할 때 어렵게 느껴지는 경우가 있습니다. 그러나 만약 라벨에 부르고뉴라고 생산지가 표시되어 있다면, 이 와인이 레드인지 화이트인지만 알아도 어떤 포도인지까지 알 수 있습니다. 레드 와인이면 피노 누아, 화이트 와인이면 샤르도네이죠. 이 두 가지 품종은 부르고뉴에서 아주 잘 자라고, 특히 샤르도네가 훌륭합니다.

샤르도네에 관해서는 꼭 기억해 둘 만한 부르고뉴의 지역들이 있습니다.

샤블리(Chablis) 이 이름을 보고 벌크 와인이라고 섣불리 짐작하지 마세요. 미국에서는 판매량을 늘리기 위해 온갖 저그에 이 이름을 붙였지만, 사실 이곳은 경이로운 프랑스 와인을 길러내는 곳입니다. 샤블리는 부르고뉴의 최북단에 위치한 곳으로 샹파뉴(Champagne)와도 가깝습니다.

이곳에서는 샤르도네의 상당수가 오크통이 아닌 스테인리스 통에서 숙성되어, 풍미가 깔끔하고 산뜻한 산미와 미네랄 향이 돋보입니다. 일반적으로 미네랄이라고 하면 부싯돌 향이 나는데, 이 향은 바로 떠올리기도 힘들고 사실 아예 못하는 사람들도 많죠.

코트도르(Côte-D'or) 훌륭한 부르고뉴 와인들의 원산지는 대부분 코트도르로, 샤르도네의 진정한 고향으로 여겨지며 어떤 사람들은 이 지역을 와인의 성지라고도 말합니다. 코트도르는 '황금 비탈'이라는 뜻인데, 이 땅에서 자란 샤르도네가 너무나 귀해 황금만큼의 가치를 가진다는 뜻입니다. 코트도르는 두 개의 섹션으로 구성되어 있습니다. 하나는 레드 와인으로 유명한 코트 드 뉘(Côte de Nuits), 다른 하나는 남쪽의 코트 드 본(Côte de Beaune)입니다. 코트 드 본은 레드 와인도 생성하지만 화이트 와인으로 특히 칭송받죠. 이 지역의 와인 생산자들은 다양한 기술로 다양한 와인을 생산해 냅니다. 그렇기 때문에 이 지역의 와인을 한 가지 스타일로 단정짓는 것은 거의 불가능합니다. 코트도르의 퓔리니 몽라셰(Puligny-Montrachet), 샤사뉴-몽라셰(Chassagne-Montrachet), 뫼르소(Meursault)는 특히 화이트 와인으로 유명한 마을입니다.

샬로네 그리고 코트 마코네(Chalonnaise and Côte Mâconnais) 이 두 지역은 훨씬 저렴한 가격대로 훌륭한 샤르도네를 만듭니다. 데일리 와인으로 편하게 마시는 평범한 부르고뉴 와인으로 생각되지만, 여전히 품종의 특성을 잘 유지할 뿐더러 따뜻한 날에 시원하게 마시기 아주 좋은 와인입니다.

샤르도네의 다양한 맛

버터리(buttery) 조금 과학적인 이야기지만 아주 쉽게 이해할 수 있으니 걱정할 필요 없습니다. 많은 샤르도네의 버터리한 맛은 와인 제조 과정 중, 아삭아삭한 타타르산(ex. 청사과에 있는 산)이 부드러운 산(ex. 우유에 있는 산)으로 전환되는, 젖산 발효에서 비롯됩니다. 이 과정은 산도를 낮추고 와인을 더 둥글고 크리미하게 만드는 화합물을 생성하며 우리가 '버터리'하다고 하는 특징을 만듭니다. 반면 리슬링과 소비뇽 블랑과 같은 특정 와인은 와인 생산자들이 '산'을 특징으로 삼기 때문에, 젖산 발효 과정을 넘길 가능성이 높습니다.

오크 향(oaky) 나무와 와인은 어울리지 않을 것 같지만 오크에 숙성한 샤르도네는 이 와인을 독특하게 만드는 풍미와 더 깊은 황금색을 띠게 됩니다. 거의 대부분의 경우 샤르도네는 발효되고(과즙이 알코올로 변하는 순간), 오크통에서 숙성됩니다(와인이 쉬면서 부드럽고 둥글어집니다). 와인 생산자는 오크통을 활용하여 와인의 운명을 결정하게 되는데, 잘 숙성된 와인은 과일 향을 숨기지 않는 바닐라, 버터, 구운 견과류 맛과 더 풍성한 바디감을 갖게 됩니다. 반면 오크통 숙성이 너무 길어지면 과일이 아니라 오크통 맛이 나게 됩니다. 또 일부

대규모 작업에서 와인 생산자는 더 쉽게 진행하기 위해 오크 통이 아니라 오크 칩을 사용해 오크 향을 주기도 하는데, 이 경우엔 오크 향이 너무 툭 튀어나오죠. 오크 향은 와인 특성의 일부가 되어야 하지, 전체적인 특성을 잡아먹으면 안 됩니다.

미국의 샤르도네는 대부분의 경우 오크통에서 숙성합니다. 괴짜 생산자들이 와인 한 잔을 들고 기대서 사진을 찍을 법한 그런 통 말이지요. 가장 유명한 종류는 헝가리, 미국, 프랑스 오크통입니다. 각 오크통은 모두 와인에 고유의 특징을 부여하죠. 예를 들어, 아메리칸 오크는 바닐라 맛을 주고, 헝가리 오크는 와인의 피니시 무렵에 향신료 향을 더합니다. 이런 오크통의 특성은 어떤 포도즙이든 맛과 질감을 완전히 다르게 만들어 줍니다.

와인이 '새로운 오크통'에서 숙성되었다는 말을 들어보셨을 텐데, 이 말은 와인이 더 강한 오크 특성을 가지고 있다는 뜻입니다. 반면, 중고 오크통에서 숙성된 샤르도네는 나무의 미묘함을 보여줄 것이라는 것을 의미합니다. 최고의 코트도르 생산자는 적어도 일정 비율 새로운 오크를 사용하여 포도즙을 발효시켜 나무와 와인의 적절한 균형을 이루게 하고자 합니다. 와인과 오크가 얼마나 잘 어우러지는지는 전적으로 생산자에게 달려 있지만, 일반적으로 프랑스 샤르도네보다 캘리포니아 샤르도네에서 오크 향이 더 강하게 납니다.

그렇다면 어떤 것이 진짜 오크통에서 숙성한 것인지 어떻게 구분할 수 있을까요? 캘리포니아 샤르도네는 보통 뒷면 라벨에 써 있기 때문에, 구매하기 전에 슥 훑어보면 됩니다. 만약 라벨에 스틸 혹은 오크통 숙성 여부가 적혀 있지 않다면 와인 숍에 일하는 직원에게 꼭 물어봅니다. 물어보는 것을 절대로 부끄러워하지 마세요. 마트에서 땅콩버터가 어디 있는지 물어보는 것처럼 부담없이 물어보면 됩니다.

와인 용어

그랑 크뤼(Grand Cru) 프리미에 크뤼(Premier Cru)보다 상위 등급의 와인[1]을 말하며, 부르고뉴 상위 와이너리 34곳에만 주어집니다. 이 호칭은 말 그대로 '큰 성장'을 의미하며 소비자에게는 '지갑을 더 넓게 벌린다'는 뜻으로도 해석됩니다. 이 와인들은 병입 후 8~10년이 지났을 때 마시기 가장 좋습니다.

프리미에 크뤼(Premier Cru) '첫 번째 성장'. 빌라주(ex.마콩 빌라주)보다 더 훌륭한 것으로 여겨지는 부르고뉴의 와인으로 너무 기술적이지 않은 것이 특징입니다. 이 아름다운 와인들은 병입 후 5년이 지났을 때 가장 빛을 발하지만, 셀러에 최대 10년까지 보관할 수 있습니다.

마콩 빌라주(Mâcon-Villages) 프랑스 부르고뉴 마코네(Mâconnais) 지역의 인기 있는 와인으로, 대부분 오크통에서 숙성하지 않고 만들어 바삭한 느낌을 줍니다. 이 맛있는 와인은 대략 $15 선에서 형성되어 있습니다.

푸이-퓌세(Pouilly-Fuissé) 마코네 지역의 가장 유명한 풀 바디 와인입니다. 샤르도네 포도로 만들어 보통 오크통에서 숙성하며, 어릴 때 마시는 게 좋습니다. 가격은 보통 $20에서 시작합니다.

---

1 (편집자 주) 부르고뉴 와인은 지역(Regional appellation), 마을(코뮌 또는 빌라주, Village appellation), 프리미에 크뤼(Premier Cru, 1등급 밭), 그랑 크뤼(Grand Cru, 특급 밭) 단위로 등급이 나뉜다. 뒤로 갈수록 등급이 높아지고, 포도 품질이 탁월하다.

3 CHARDONNAY

3월의 와인

이번 달에는 미국 캘리포니아, 아르헨티나, 호주, 그리고 프랑스 두 곳에서 온 샤르도네를 맛볼 것입니다. 비교적 시원한 지역의 샤르도네와 더운 지역의 샤르도네를 함께 마셔 보면서, 기후가 이 포도에 끼치는 영향을 느껴볼 수 있습니다.

미국, 캘리포니아(California, USA) ($15~30)

이 샤르도네는 노란색에서 금색까지 다양한 색상을 띠고, 오크통 숙성인 경우 색이 더 진해지고 버터와 바닐라의 오크 향이 납니다. 청사과, 레몬, 오렌지 맛이 대표적이고 오크 숙성에서 오는 견과류와 버터 그리고 매운맛이 특징입니다.

아르헨티나(Argentina) ($10~14)

이 샤르도네들은 모양과 향과 맛 등에서 캘리포니아산 샤르도네와 거의 비슷하고, 백도와 꿀의 향도 느낄 수 있습니다.

호주(Australia) ($10~12)

이 신대륙 샤르도네는 파인애플, 망고, 바나나와 같은 열대 과일 향과 맛이 더 두드러지게 나타납니다.

프랑스, 코트 샬로네즈 또는 마코네(Côte Chalonnaise or Mâconnais, France) ($15~30)

이곳의 기후는 코트도르보다 조금 더 따뜻해서 허니서클(honeysuckle, 인동), 시트러스 과일 껍질과 백도, 사과 같은 익은 과일의 특성이 더 두드러집니다. 이번 달의 모든 프랑스 샤르도네에서 약간의 테루아 또는 흙냄새를 접할 수 있습니다.

프랑스, 코트도르 프리미어 크뤼(Premier Cru from the Côte-d'Or, France)　　　　　　　　　　　　　　　　($30~45)

이 섬세한 샤르도네는 신대륙 와인보다 색, 향, 맛 모두에서 더 가볍고 밝은 스타일을 보여줍니다. 부르고뉴 화이트 와인은 사과와 배의 깨끗한 풍미가 도드라지며, 동시에 젖은 돌을 연상시키는 미네랄 향도 함께 느낄 수 있습니다.

스파이: 피노 그리지오(Pinot Grigio)　　　　　　　　　　　　　($10~15)

이번 시음회에는 피노 그리지오를 섞어 봅시다. 라이트한 바디감에 아주 마시기 쉬운 화이트 와인으로 색이 더 밝고 시트러스 과일 향이 더 강하며, 시음회에서 만날 다른 샤르도네보다 피니시가 더 짧은 편입니다.

바닐라 효과

샤르도네에서는 숙성에 사용한 오크통의 특성을 반영한 바닐라 향과 맛이 아주 흔하게 납니다. 이 바닐라 풍미로 여러분이 오크통에서 숙성한 샤르도네를 마시고 있다는 것을 확신할 수 있죠. 아직 긴가민가한 분들을 위해, 오크통 숙성 샤르도네를 선호하는지 아닌지를 알 수 있는 실험을 하나 해보겠습니다.

먼저, 오크통에서 숙성하지 않은 샤르도네 와인을 반 잔씩 두 잔 붓습니다. 바닐라빈을 가져와 칼로 씨를 긁어내 잔 한 쪽에만 넣습니다(바닐라빈이 없다면 바닐라 익스트랙을 1/2작은술 정도 넣어도 됩니다). 그리고는 두 잔의 향을 번갈아 맡아 보세요. 어떤 향이 좋으신가요? 바닐라의 향, 아니면 과일 향? 이 다음으로는 또 번갈아 맛을 보고, 바닐라가 와인을 완성시켜 주는 느낌이 드는지, 바닐라가 없는 깔끔한 버전이 좋은지 생각해 보세요.

만약 과일의 향, 그리고 깔끔한 맛이 더 좋다면, 여러분에게는 부르고뉴의 화이트 와인이 더 맞겠지요. 하지만 만약 바닐라의 향과 맛이 더 좋다면, 캘리포니아산 샤르도네를 구매하시면 됩니다.

CHARDONNAY

와인을 즐길 시간

이번 시음은 분명 재미있을 거예요. 이 유명한 와인에 대해 이미 갖고 있는 고정관념이 있으시겠지만, 두 와인을 나란히 비교해서 마시다 보면 여러분의 취향이 생각과는 다르다는 것을 알게 될지도 모릅니다. 이번 달 샤르도네가 여러분을 이 훌륭한 품종의 열렬한 팬으로 만들 수도 있고, 아닐 수도 있지만, 알아보는 방법은 하나뿐이죠. 지금 따라 마셔 보세요!

온도와 시간

샤르도네는 부르고뉴의 프리미어 크뤼와 그랑 크뤼를 제외하면 대부분의 신대륙 와인과 마찬가지로 어린 와인을 마시는 게 좋으므로, 너무 오래 보관하지 않도록 합니다.

코르크 마개를 언제 열든지, 어쨌든 샤르도네는 너무 차갑게 제공되어서는 안 됩니다. 오크통 숙성 샤르도네는 너무 차갑게 마시면 오크 맛이 과하게 나기 때문이지요. 와인을 따르기 15분 전에 냉장고에서 꺼내면 충분히 맛있게 마실 수 있습니다.

샤르도네는 스타일이 다양해, 일 년 내내 마실 수 있습니다. 하지만 알코올 도수는 높고 산도는 낮은 편이므로, 찌는 듯한 한여름에는 피하는 게 좋습니다. 전체적으로 샤블리의 깔끔한 샤르도네가 따뜻한 날씨에 더 잘 어울리고, 겨울에는 캘리포니아의 풍부하고 버터리한 샤르도네가 더 잘 어울리죠.

색상 일반적으로 부르고뉴산 샤르도네는 캘리포니아산 샤르도네보다 더 옅은 담황색(짚빛)이 나고, 호주산 샤르도네는 색깔이 더 어두운 금색에 가깝습니다. 색이 어두울수록 맛이 더 풍부해지는데, 이 두 가지는 프랑스의 부르고뉴산 샤르도네가 아니라는 분명한 신호입니다. 숙성된 샤르도네는 갈색빛을 띠는데, 이번 달에는 빈티지 샤르도네를 맛보는 것이 아니기 때문에 와인이 갈색으로 보인다면 맛이 없다는 신호일 수 있습니다.

향 부르고뉴산 샤르도네는 가장 먼저 포도의 특징이 드러납니다. 사과와 배의 향이 맡아질 것이고 그 다음으로 미네랄과 젖은 암석의 향처럼 흙과 같은 (earthy) 특징이 올라옵니다. 오크에서 숙성된 캘리포니아산 샤르도네는 오크 향이 먼저 나겠지만 그 외에 감귤류나 청사과, 그리고 복숭아와 같은 과일 향이 납니다. 캘리포니아산 샤르도네는 버터리한 향으로 유명하지만, 오크의 특성이 없는 종류도 몇 가지 있으므로 향으로 너무 성급하게 지역을 추측하지 않기를 바랍니다. 호주산 샤르도네에서는 파인애플이나 바나나, 망고와 같은 열대 과일의 향이 더 강하게 납니다.

맛 전체적으로 부르고뉴산 샤르도네는 모든 스타일 중에서 가장 은은하고, 캘리포니아산 샤르도네는 바닐라, 버터와 함께 향에서 느꼈던 레몬, 오렌지, 청사과의 맛이 납니다. 호주산 샤르도네 역시 향에서 만난 파인애플, 망고와 같은 익은 과일 맛이 나죠. 오크통에서 숙성된 샤르도네는 버터맛, 견과류맛, 향신료의 맛을 느낄 수 있습니다. 맛을 보면서 기후가 만들어내는 차이를 확인해 보세요. 시원한 기후의 전형인 청사과의 맛, 그리고 따뜻한 기후의 전형인 파인애플과 열대 과일의 맛이 어떻게 다른지 말이지요.

바디감 부르고뉴산 샤르도네는 신대륙의 것보다 바삭하고 산성이 강한 스타일로 바디감이 가볍고 상쾌하며, 캘리포니아산 샤르도네는 우리가 맛볼 화이트 와인 중 가장 풍부하고 묵직한 스타일입니다.

피니시 일반적으로 신대륙 샤르도네는 다른 지역보다 더 강한 피니시를 느낄 수 있습니다. 즉, 프랑스의 샤르도네보다 더 과감하고 여운이 깁니다.

맛있는 요리를 먹자

샤르도네는 음식과 조합하기 꽤 까다로울 수 있습니다. 와인의 오크 향이 너무 강하면 음식의 특징을 다 가려 버리기 때문입니다. 깨끗하고 신맛이 있는 샤블리 샤르도네는 담백한 해산물, 특히 굴요리에 아주 좋습니다. 하지만 만약 버터 소스 혹은 뵈르 블랑(beurre blanc, 버터와 화이트 와인, 양파 혹은 샬롯 등을 재료로 하여 만든 전통적인 프랑스 소스)과 함께 나오는 해산물이라면 버터의 풍미가 강한 샤르도네가 가장 잘 어울릴 것입니다. 하지만 이번 달에는 두 가지 스타일의 샤르도네에 다 어울릴 법한 약간은 장난스러운 음식들을 준비했습니다. 여러분이 가장 좋아하는 조합을 찾아 보세요.

매콤 마요네즈를 얹은 테이터 토츠	78
멕시코 스트리트 스타일 병아리콩 샐러드	79
적양파 피클을 곁들인 훈제 송어 파테 바게트	80
초리조와 애플 그리고 체다 바이트	82
미니 와플 아이스크림 샌드위치	83

CHARDONNAY

모두가 이 간단한 매콤 마요네즈를 얹은 테이터 토츠를 사랑하죠. 분명 히트작이 될 거예요.

매콤 마요네즈를 얹은 테이터 토츠

12~14인분

냉동 테이터 토츠 455g

파마산 치즈 20g(¼컵), 갈아서 준비

마요네즈 120g(½컵)

스리라차 2작은술(또는 집에 있는 매운 소스 아무거나)

테이터 토츠는 포장지 설명에 따라 굽습니다. 한 번 뒤집은 다음 간 파마산 치즈를 뿌리고, 다시 오븐에 넣어 나머지를 굽습니다.

작은 볼에 마요네즈와 스리라차를 넣고 잘 섞습니다.

다 구워진 테이터 토츠를 접시에 담고 매콤한 마요네즈를 작은 그릇이나 라미킨에 담아 냅니다.

이 신선한 에피타이저는 전통적인 멕시코 길거리 음식을 재해석한 것으로, 병아리콩으로 식감을 더욱 풍성하게 만들었습니다. 샤르도네와 아주 잘 어울리죠.

멕시코 스트리트 스타일 병아리콩 샐러드

24개 조각 분량

- 올리브 오일 2큰술
- 생 옥수수 알 320g(2컵)
- 캔 병아리콩(물 빼고 헹궈 준비) 430g
- 잘게 깍뚝 썬 작은 적피망 1개 또는 90g(¾컵)
- 송송 썬 파 2줄기
- 다진 고수잎 20g(½컵)
- 씨를 빼고 다진 큰 할라피뇨 1개
- 라임즙 60ml(¼컵)
- 사워크림 3큰술
- 마요네즈 2큰술
- 큐민 가루 ½작은술
- 치폴레 칠리파우더 ½작은술
- 파프리카 가루 ½ 작은술
- 코티하 치즈 크럼블 90g(¾컵), 페타 치즈로 대체 가능
- 굵은 소금
- 엔다이브 잎 24장

주철 팬에 올리브 오일을 뿌리고 강불에 달굽니다. 생 옥수수를 넣고 갈색이 될 때까지 2~3분간 익힙니다.

큰 볼에 병아리콩, 피망, 파, 고수, 할라피뇨, 옥수수를 넣고 잘 섞습니다. 이 옥수수 혼합물은 미리 만들어 냉장 보관할 수 있습니다.

또 다른 작은 볼에 라임즙, 사워크림, 마요네즈, 큐민, 치폴레 칠리파우더, 파프리카 가루를 넣고 잘 섞습니다. 이 소스를 옥수수 혼합물이 든 큰 볼에 넣고 골고루 묻도록 잘 섞은 후, 코티하 치즈를 넣고 다시 잘 저어 섞습니다. 맛을 보고 입맛에 맞게 소금으로 간을 해도 좋습니다.

엔다이브 잎 위에 소스에 버무린 병아리콩 옥수수 혼합물을 크게 한 숟가락씩 올려 냅니다.

3 CHARDONNAY

MARCH

훈제 연어가 아무리 인기가 많아도, 저에게는 훈제 송어가 최고입니다. 새 오크통에 숙성한 샤르도네는 종종 스모키한 향이 나서, 이 에피타이저와 아주 잘 어울립니다. 적양파 피클은 충분히 만들어 다음 식사의 샐러드나 샌드위치에 사용해도 좋습니다.

적양파 피클을 곁들인 훈제 송어 파테 바게트

24개 조각 분량

초간단 적양파 피클

아주 얇게 채썬 중간 크기의 적양파 1개

사과식초 125ml(또는 ½컵)

꿀 1½큰술

통 흑후추 ½작은술

적양파 피클 만들기: 파인트(약 473ml) 밀폐 유리병에 양파를 넣습니다.

작은 냄비에 식초, 물 60ml, 꿀, 통 흑후추를 넣고 꿀이 녹을 때까지 중불로 끓입니다. 뜨거운 식촛물을 유리병 속의 양파가 완전히 잠길 때까지 천천히 부으면 완성입니다. 이 양파 피클은 한 시간 정도 절인 후 사용 가능하고, 한 달까지 냉장고에서 보관할 수 있습니다.

송어 파테

훈제 송어 230g, 껍질은 벗기고 살코기는 손으로 플레이크처럼 찢어 준비

사워크림 75g(¼컵과 1큰술)

마요네즈 75g(¼컵과 1큰술)

곱게 다진 딜 10g(¼컵)

레몬즙 3큰술

홀스래디쉬 1큰술

송어 파테 바게트 재료

바게트 조각 24개

가니쉬용 딜 3줄기

송어 파테 만들기: 넓은 볼에 송어와 사워크림, 마요네즈, 잘게 다진 딜, 레몬즙, 홀스래디쉬를 넣고 골고루 섞으면 송어 파테 완성입니다.

완성하기: 넓은 접시에 바게트 조각들을 올려놓고 송어 파테를 각각 얹습니다. 그 위에 적양파 피클을 한 숟갈 듬뿍 얹고, 신선한 딜 작은 줄기를 하나씩 얹어 완성합니다. 바로 냅니다.

3 CHARDONNAY

MARCH

초리초와 애플 그리고 체다 바이트

세 가지 간단한 재료를 사용하여 예쁘고 맛있는 한입거리를 손쉽게 만들 수 있습니다. 미리 슬라이스된 체다 치즈를 사용하면 더 빨리 요리를 완성할 수 있지만, 통 체다는 내가 원하는 크기로 마음대로 잘라 사용할 수 있죠. 이 요리의 핵심은 멕시코식의 부드럽고 신선한 초리조가 아닌 살라미처럼 단단해서 얇게 썰기 쉬운 스페인식 건식 염지 초리조를 고르는 것입니다.

접시나 쟁반에 16~18개로 네모나게 자른 체다 치즈를 가지런히 놓습니다. 각 치즈 조각 위에 사과를 두 조각씩 얹고, 그 위에 초리조를 한 조각씩 얹어 이쑤시개로 고정하면 완성입니다.

16~18개 조각 분량

체다 치즈 슬라이스 280g짜리 (반만 사용)

빨간 사과 큰 것 1개, 혹은 작은 것 2개, 32~36조각 정도로 잘게 잘라서 준비

스페인식 건조 염지 초리조 1줄, 3mm 정도 두께, 16~18조각으로 잘라 준비

아이스크림에 아주 좋은 엑스트라 버진 올리브 오일을 뿌려 먹어본 적이 없다면, 기대해도 좋습니다.
이 위에 아삭한 해염을 뿌리면 귓가에 노래가 울릴 정도죠.
갓 구워서 바삭바삭한 와플에 발라 먹으면 제일 맛있습니다.

미니 와플 아이스크림 샌드위치

12개 분량

바닐라 아이스크림 480g, 약간 녹여서 준비

시판용 미니 와플 콘 1팩 또는 24개, 구운 다음 식혀서 준비

엑스트라 버진 올리브 오일

아삭한 해염(ex. 말돈 소금)

　와플 두 조각 사이에 아이스크림 한 스쿱을 넣고 덮습니다.

　올리브 오일과 해염을 뿌리고 바로 냅니다.

　아이스크림 샌드위치는 미리 만들어 얼려 두었다가 내도 됩니다. 단, 올리브 오일과 소금은 내기 직전에 뿌립니다.

APRIL
4

이번 달에는 메를로 같은 부드러운 레드 와인을 맛보고, 바롤로(Barolo)처럼 강한 와인에 대해 배울 것입니다. 세상에 존재하는 모든 레드 와인을 알아가려면 평생이 걸릴 수도 있으니, 우리는 몇 가지 잘 알려진 와인, 그리고 새로운 와인 중 재미있는 몇 가지를 먼저 알아가 보겠습니다.

4월은 레드 와인을 부르는 쌀쌀한 밤과 화이트 와인을 부르는 따뜻하고 맑은 날이 번갈아 찾아오는 달입니다. 메를로를 포함한 가벼운 레드 와인은 이 시기에 즐기기에 완벽한 와인이죠. 날씨가 쌀쌀할 때는 무거운 레드 와인이, 무더운 날씨에는 산성을 띤 화이트 와인이 생각나는 것은 당연합니다. 이번 달은 준비 단계이므로 두 날씨에 모두 맞는 레드 와인을 많이 만나볼 것입니다. 이 계절에 어울리는 와인은 메를로 외에도 다양하지만, 이번 달만큼은 메를로에게 대부분의 시간을 할애할 것입니다.

레드 와인 알아가기

　메를로는 질감과 바디감만으로 지금까지 명성을 유지해 온 유일한 와인일 것입니다. 이 때문에 많은 와인 매니아들은 이 와인을 복잡성과 개성이 부족하고 단순하다고 평가하기도 합니다. 그러나 메를로가 유명 대회에서 우승하는 건 바로 이 접근성과 가용성 덕분입니다. 카베르네 소비뇽이나 카베르네 프랑과 잘 섞이고, 음식과 페어링하기도 쉽습니다. 메를로가 카베르네 소비뇽보다 더 은은한 느낌이기는 하지만, 다른 와인들보다 부족한 것은 아닙니다. 유명한 와인 권위자이자 와인의 대가인 젠시스 로빈슨(Jancis Robinson)은 메를로를 '고통이 없는 카베르네 소비뇽'이라고 묘사합니다. 와인 클럽은 덜 고통스럽고 더 즐거운 곳이므로 본격적으로 메를로에 대해 이야기해 보겠습니다.

　프랑스의 자랑 중 하나인 메를로는 보르도 지역의 생테밀리옹(Saint-Émilion)과 포므롤(Pomerol)에서 자랍니다. 또 보르도에서 가장 많이 자라는 흑포도이기도 합니다. 이 두 곳 모두 메를로 기반의 와인을 생산하지만, 보르도 스타일에 충실하기 때문에 메를로 포도로만 제조하지는 않습니다. 보르도의 카베르네 소비뇽이 순수하지(?) 않은 것처럼, 메를로도 다른 품종, 주로 카베르네 소비뇽과 블렌딩되지요. 메를로 포도는 카베르네 소비뇽보다 껍질이 얇아 포도즙의 색이 옅고 치아를 걷어차는 듯한 산미가 적습니다. 또 카베르네 소비뇽처럼 거친 타닌이 함께 생기지도 않지요.

　비록 와인 애호가들은 보통 메를로보다 카베르네 소비뇽을 더 신뢰하긴 하지만, 메를로는 포도밭과 와인 잔, 양쪽에서 카베르네 소비뇽보다 더 좋은 활약을 보여줍니다. 포도밭에서는 먼저 익고, 수확량도 탁월하죠. 와인 잔에 따를 때면, 카베르네 소비뇽은 블렌딩되거나 숙성해야 얻을 수 있는 부드러움을 메를로는 그냥 선사합니다. 메를로는 프랑스, 이탈리아, 스위스, 슬로베니아, 헝가리, 루마니아, 불가리아, 러시아, 캘리포니아, 미국 워싱턴주, 뉴욕주, 아르헨티나, 칠레, 호주, 뉴질랜드 및 남아프리카를 포함한 전 세계에서 대체적으로 잘 자랍니다. 이는 곧 접근성이 좋다는 뜻이며, 가격도 괜찮은 편이라 지갑 사정을 덜 신경 쓰고 와인을 즐길 수 있습니다.

　눈에 띄는 예외는 보르도 지역의 포므롤 지역에서 생산된 아주 유명한 샤토 페트뤼스(Château Pétrus)인데, 메를로 95%로 생산되었으며 출시하자마자 약 $1,000에 육박하는 가격을 기록했습니다. 오래된 빈티지는 경매에서 $5,000를 기록하기도 했습니다!

카베르네 소비뇽의 오른팔

카베르네 소비뇽과 메를로의 맛의 프로필은 매우 비슷합니다. 이 두 와인의 다른 점은 강렬함과 바디감에서 찾아볼 수 있습니다. 꼭 기억해두세요. 카베르네 소비뇽은 풍미도 풍부하고, 알코올 도수도 높으며 타닌도 많은 묵직한 와인입니다. 메를로는요? 그리 무겁지 않죠. 알코올 도수가 높다는 건 점성이 높다는 뜻인데, 우리는 이 점성을 바디감으로 인식합니다. 대부분 카베르네 소비뇽은 메를로보다 알코올 도수가 높아, 바디감도 풍부하게 느껴지는 것입니다. 다시 한 번 강조하자면, 우리는 와인 '세계'에 대해 이야기하고 있기 때문에 당연히 예외가 존재합니다. 예를 들어, 미국 캘리포니아산, 워싱턴산 메를로 중 비교적 비싼 것들은 카베르네 소비뇽만큼이나 알코올 도수가 높고, 따라서 더 묵직한 느낌이 들죠.

카베르네 소비뇽과 메를로는 다르기는 하지만, 사람들이 생각하는 것보다는 훨씬 닮았습니다. 프랑스의 유명한 보르도 와인 중에서는 카베르네 소비뇽이 가장 영향력 있지만 메를로와 블렌딩하면 균형감 있고 개성 있는 와인이 됩니다. 캘리포니아의 생산자들은 메리티지(Meritage) 스타일의 블렌딩(93페이지 참조)을 똑같이 따라합니다. 또한 신대륙 와인 중 이렇게 보르도 풍 블렌딩을 만드는 건 미국만이 아닙니다. 전 세계 생산자들이 카베르네 소비뇽과 메를로, 그리고 전통적인 보르도 포도 품종을 블렌딩하고 있습니다.

꼭 마셔봐야 할 레드 와인들

앞서 언급했듯이 세상의 레드 와인은 이 작은 와인 클럽에서 다루기엔 너무나 많습니다. 우리는 카베르네 소비뇽과 시라를 만났고, 이번 달에는 메를로와 사랑에 빠지고 있습니다. 그리고 지구 한 바퀴를 돌며 그 외에도 어떤 레드 와인이 매력적인지 알아 봅시다.

이탈리아

람브루스코(Lambrusco) 이탈리아에는 재미있고 적당한 가격의 레드 와인으로 넘쳐나는데, 먼저 여름으로 가는 완벽한 관문인 람브루스코로 예열을 해 봅시다. 람브루스코는 이탈리아 북부 에밀리아-로마냐(Emilia-Romagna) 지역의 중간에서 생산되는 예쁜 레드 스파클링 와인으로, 이 사랑스러운 와인은 로제부터 레드까지 색상도 다양하고, 스위트에서 드라이까지 맛도 다양하며 보통 가벼운 느낌입니다. 주로 차갑게 식히거나 얼음을 넣어 마십니다. 이번 달에는 레지아노(Reggiano) 지역에서 찾아보세요. 이곳은 유명한 파르미지아노-레지아노(Parmigiano-Reggiano) 치즈의 고향이기도 합니다. 라벨에서 아래 단어들을 찾아보세요.

- **세코(Secco)**: 드라이한 와인이라는 뜻으로, 달지 않습니다.
- **세미세코(Semi-secco)**: 세미 드라이, 보통 프리잔테(frizzante) 스타일로 생산됩니다(93페이지 참조).
- **아마빌레(Amabile)**: 중간 정도의 단맛이 납니다.
- **돌체(Dolce)**: 설탕처럼 아주 단맛이 납니다.

바롤로(Barolo) 이 묵직한 레드 와인은 이탈리아 피에몬테(Piedmont)의 북서쪽 지역에서 온 것으로, 100% 네비올로(Nebbiolo) 포도로 생산됩니다. 타닌, 산도, 알코올 그리고 풍미가 모두 강렬하고, 레드 와인의 왕이라고도 불리는 이 와인은 타르와 말린 과일의 일반적인 향을 가지고 있습니다. 단, 높은 인기만큼이나 가격도 만만치 않다는 점을 알아두세요.

키안티(Chianti) 토스카나의 사랑스러운 키안티는 최소 75%의 산지오베제(Sangiovese) 포도로 생산됩니다. 일반적으로 이 와인은 미디엄 바디감으로 순한 타닌과 체리, 딸기 등의 과일, 흙 느낌 나는 향신료의 느낌이 납니다. 키안티 와인은 아주 드라이한 와인으로 일반적으로 산성과 타닌이 강합니다. 새콤한 음식은 이 타닌 산도의 균형을 잘 맞춰 주기 때문에, 대부분의 음식과 잘 어울리며 특히 이탈리아 요리와 궁합이 좋습니다. 구매할 때에는 키안티 클라시코(Chianti Classico)라는 표시가 있는지 확인해 보세요. 이탈리아 키안티 지역의 중심부에서 생산된 와인임을 뜻합니다. 키안티 클라시코 리제르바(Chianti Classico Riserva)는 오크통에서 더 오래 숙성되어 스모키하고 향신료 향과 함께 더 많은 타닌과 구조감을 준다는 뜻입니다. 이 와인의 가장 좋은 부분 중 하나는 $10 정도로 맛있는 키안티를 찾을 수 있다는 것입니다.

브루넬로 디 몬탈치노(Brunello di Montalcino) 이 묵직한 레드 와인은 토스카나에서 생산되며, 바롤로와 비슷하게 강한 느낌입니다. 이 두 와인은 모두 무게감이 있어 가볍게 마실 수는 없습니다. 와인 잔을 빙글빙글 돌릴 때면 크랜베리, 커피, 감초, 아니스와 흙의 향이 납니다. 산미와 구조감이 좋아 음미할 가치가 있습니다.

바르베라 다스티(Barbera D'asti) 또는 바르베라 달바(Barbera D'alba) 피에몬테에서 온 포도로 봄에 마시기 완벽한 쉽고 밝은 느낌의 옅은 레드 와인입니다. 딸기, 라즈베리, 체리, 블랙베리 향과 맛이 더해진 과일 느낌이 강하고, 프랑스 보졸레와 스타일과 깊이가 비슷한 재미있는 와인이지요. 포도를 재배하는 곳은 주로 아스티(Asti) 마을이나 알바(Alba) 마을인데, 라벨에서 출신 마을의 이름을 볼 수 있을 것입니다.

네로 다볼라(Nero D'avola) 이 시칠리아 와인은 어두운 과일과 견과류 맛이 나는 풀 바디 와인입니다. 만약 진판델(Zinfandel)에 관심이 있다면, 이번 달에는 네로 다볼라를 선택해 보세요.

스페인

리오하(Rioja) 이 고전적인 스페인 와인은 대부분 템프라니요(Tempranillo) 포도로 만들어집니다. 최고급 와인은 보르도의 와인처럼 가득하고 풍부하며 벨벳 같은 맛을 느낄 수 있고, 가격이 저렴한 리오하도 그들만의 매력을 가지고 있습니다. 피노 누아와 키안티처럼 밝은 베리 맛을 지닌 이 가벼운 리오하는 봄과 여름에 즐기기 좋은 훌륭한 레드 와인입니다. 리오하는 네 가지로 분류할 수 있습니다.

- **리오하**: 가장 기본적인 리오하.
- **크리안자(Crianza)**: 보통 재사용 오크통(used oak)에서 숙성됩니다. 가장 가볍고 과일 느낌이 강하며 오크 느낌은 약하고, 가장 저렴한 스타일의 와인입니다. 레스토랑에서 만나는 질 좋은 하우스 레드 와인이라고 생각하면 좋습니다.
- **리제르바(Reserva)**: 적어도 3년 이상 숙성하고, 그중 1년은 오크통에서 숙성해 더 무게감 있고 가격도 더 비싼 편입니다.
- **그란 리제르바(Gran Reserva)**: 제일 상위 버전으로, 이 와인은 여러분이 마시기 전 오크통에서 적어도 2년, 와인 병에 담긴 후에도 3년이라는 숙성 기간을 더 보내게 됩니다. 그만큼 오크의 특성이 강해 가장 무겁고, 가격도 비싸집니다. 또한 가장 좋은 해, 가장 좋은 포도로 만들어집니다.

카르메네르(Carménère) 최근, 메를로로 여겨졌던 스페인의 포도 품종이 사실은 카르메네르였다는 것이 발견되었습니다. 이 포도는 보르도에서 흔한 품종이지만, 그 블렌딩에는 더 이상 사용되지 않습니다. 메를로를 좋아하는 사람들은 다크하고, 풍부하며 부드럽고 좋은 자두 맛 덕분에 특히 카르메네르도 좋아하기 마련입니다. 카르메네르도 칠레에서 왔기 때문에 와인 쇼핑을 하다 보면 곧잘 발견할 수 있습니다.

아르헨티나

말벡(Malbec) 아르헨티나에서 가장 주목할 만한 레드 와인으로, 멘도사(Mendoza) 지역에서 주로 생산됩니다. 멘도사의 말벡은 타닌과 오크 느낌이 풍부하고, 색이 진하고 포도의 즙이 풍부하며 향신료 느낌이 약간 들어 있는 것이 특징입니다. 카베르네 소비뇽과 닮았지만 보통은 덜 비쌉니다. 담배와 가죽 향과 함께 자두, 블랙베리, 블랙체리 등 검은 과일 향을 기대해 보세요. 카베르네 소비뇽의 대표적인 대체품 와인입니다.

그리스

시노마브로(Xinomavro) 이 포도는 아주 유명한 품종은 아니지만, 꽤 흥미롭습니다. 마케도니아에서 온 이 와인들은 강렬하고 아주 진한 건포도 그리고 약간의 약품 맛이 날 수 있습니다. 이 와인의 풍부한 타닌과 산미는 바롤로와도 비슷합니다.

와인 용어

흑포도 주로 레드 와인을 만드는 포도입니다. 메를로, 카베르네 소비뇽, 시라, 말벡, 템프라니요는 수많은 흑포도 품종 중 일부에 불과합니다.

흙내음 젖은 바위, 미네랄, 또는 버섯을 연상시키는 향과 맛을 가진 와인을 설명할 때 사용하는 용어입니다.

프리잔테(Frizzante) 이탈리아 스파클링 와인 스타일입니다.

메리티지(Meritage) 미국이 위대한 보르도 와인 스타일을 따라 만든 와인으로, 레드 와인으로는 카베르네 소비뇽, 메를로, 카베르네 프랑(Cabernet Franc)을 블렌딩하고, 때로 프티 베르도(Petit Verdot)나 말벡을 블렌딩하기도 합니다. 보통 레드 와인을 말하지만 화이트 메리티지도 있습니다.

스푸만테(Spumante) 프리잔테보다 탄산이 강한 이탈리아 와인을 말합니다.

산화된 와인

지난 3월에는 콜크드 와인이나 끓은 와인, 또는 이산화황이 너무 들어간 와인에서 역한 맛이 날 수 있다는 이야기를 했습니다. 산화된 와인은 산소에 너무 많이 노출된 와인입니다. 이건 우리가 와인을 일부러 돌리며 하는 에어링(airing, aeration)과는 다릅니다. 와인을 만드는 과정에서 산소에 과도하게 노출될 수 있고, 또한 코르크 마개가 불량이거나 특히 와인을 잔으로 서빙하는 레스토랑에서 와인이 너무 오래 열려 있었을 때도 일어납니다.

화이트 와인의 경우 한 모금 마시기도 전에 산화된 것을 알 수 있습니다. 사과 조각이 산소에 노출되면 갈색으로 변하는 것처럼, 산화된 화이트 와인은 호박색으로 변했다가 곧 갈색으로 변합니다. 레드 와인은 색에서 그렇게 많이 티나지는 않지만, 한 모금 마시는 순간 와인에 생명이 사라졌다는 것을 알아차릴 것입니다. 좋은 과일 향이나 훌륭한 풀 바디의 풍성함도 나지 않죠. 와인은 밋밋해지고 과일 향이 사라지며, 심한 경우에는 식초 맛이 나기도 합니다.

만약 직접 맛보고 싶다면, 메를로 와인 한 병을 와인 클럽이 열리기 일주일에서 열흘 전에 미리 열어 두세요. 와인을 따른 다음, 베큐빈(Vacu Vin)이나 다른 와인 세이버가 아닌 코르크 마개로만 입구를 닫아 조리대 위에 둡니다. 그리고 와인 클럽 날이 되면, 포일로 감싼 이 병을 갓 딴 신선한 와인들 사이에 숨겨 둡니다. 하나씩 맛보면 산화된 와인의 향과 맛을 확실히 알게 될 것입니다.

4월의 와인

구대륙 메를로(Old World Merlot) ($30~60)

프랑스에서 온 포메롤 또는 생테밀리옹 중 하나를 선택합니다. 어쩌면 $20~30 가격대의 와인을 구할 수도 있겠지만, 보통 구대륙 메를로는 $30~60 사이입니다.

신대륙 메를로(New World Merlot) ($12~18)

미국 캘리포니아나 워싱턴주에서 온 와인을 시도해 보길 바랍니다. 아마도 가장 묵직한 레드 와인이 될 것입니다.

람브루스코(Lambrusco) ($15~20)

유명하고 쉽게 구할 수 있는 리뉴이트(Riunite)는 달콤한 맛이니, 이번 시음을 위해 세코, 또는 드라이한 스파클링 와인을 찾아 보세요. 마시기 전 꼭 차게 식혀야 합니다.

바르베라 다스티(Barbera d'Asti) ($15~20)

와인 숍의 이탈리아 섹션에서 찾아보세요. 바르베라 달바(Barbera d'Alba) 또한 시음회에 적합합니다.

말벡(Malbec) ($12~20)

와인 숍에서 $15 이하로도 찾을 수 있습니다. 발견하면 바로 쟁취하세요!

리오하(Rioja) ($12~15)

리오하에서 온 와인 중에서도 제일 가벼운 느낌의 크리안자(Crianza)를 추천합니다.

MERLOT & OTHER REDS

와인을 즐길 시간

레드 와인의 세계로 모험을 떠날 시간입니다. 이번 달에 우리가 맛볼 레드 와인은 대부분 재미있고 라이트한 바디감을 가지고 있습니다. 이번 라인업에서는 메를로 2병, 구대륙 와인 1병, 신대륙 와인 1병을 준비하고 나란히 맛보며 지역별 포도의 차이를 느껴 보세요. 이탈리아, 아르헨티나, 스페인 와인을 포함해도 좋습니다. 말씀드린 것처럼 셀 수 없을 만큼의 아주 많은 레드 와인이 있으니, 숍에서 색다른 것이 눈에 띄면 구매해서 포일로 감싸고 이번 달 와인 클럽의 라인업에 포함하세요. 여러분의 와인 클럽이니 여러분은 원하는 대로 하면 됩니다. 이제 필요한 와인 잔과 마음 맞는 친구들을 모아 마셔 보세요.

온도와 시간

이번 달에는 적절한 시간과 시음 방법에 따라 메를로를 마실 것입니다. 이 가벼운 레드 와인들은 어릴 때 마시는 게 좋고, 저장하거나 더 숙성할 필요가 없습니다. 그러니 와인 숍에 진열된 메를로 와인은 바로 마셔도 된다는 뜻입니다.

이 레드 와인은 평균 가정의 실온보다 약간 차갑게 유지해야 합니다. 이번 달에 야외에서 와인 클럽을 주최한다면 30분 전에 미리 냉장고에 와인을 넣어 둡니다. 이번 달의 다른 레드 와인과 달리 람브루스코는 차갑게 마셔야 하므로, 아이스 버킷에 얼음을 채워 넣어 두어도 좋습니다.

색상 이달의 와인은 밝은 루비색부터 빨간 잉크색까지 다양합니다. 약간 빛이 나거나 거품이 일면 람브루스코라는 명백한 증거입니다. 일반적인 보라색 색조의 말벡도 찾을 수 있을까요? 와인을 따를 때 빛이 나는지, 불투명한지 확인하세요. 와인이 진할수록 풍미와 향이 강해집니다. 그리고 또 하나의 팁은, 레드 와인은 오래될수록 연해지고 화이트 와인은 색이 진해진다는 것입니다.

향 와인이 과일의 향을 먼저 보여주는지, 아니면 흙 같은 미네랄 노트를 보여주는지 확인합니다. 신대륙 와인은 일반적으로 과일이 먼저 느껴집니다. 레드 와인에서는 딸기, 블루베리, 라즈베리, 블랙베리와 같은 과즙이 풍부한 베리부터 자두, 잼, 블랙 체리향이 나고 수박, 제비꽃, 장미, 흙, 철, 미네랄의 향까지 맡을 수 있습니다. 잘 익은 과일 느낌은 구대륙 와인 스타일의 상징으로, 술에 알코올 향만 난다면 와인 잔을 몇 번 돌리며 기다리다가 다시 향을 맡아 봅니다. 레드 와인은 화이트 와인보다 알코올 도수가 높기 때문에 코가 더 빠르게 피로해질 수 있습니다. 그리고 이 와인들이 대부분 어린 레드 와인이기 때문에, 제대로 향을 찾기 위해서는 몇 번 잔을 돌려 봐야 할 것입니다. 다른 향으로는 오크 향, 코코아 또는 밀크 초콜릿, 달콤한 담배, 바닐라, 정향 및 계피와 같은 달콤한 향신료의 향을 기대할 수 있습니다.

맛 이 와인들은 레드 와인의 부드러운 부분을 보여주기 위해 고른 것이지만, 앞의 향 리스트에서 맡았듯 여전히 과일 향이 풍부하게 나고 테루아가 느껴집니다. 오크 숙성은 바닐라나 향신료 향을 부여하지만, 여전히 은은합니다.

바디감 메를로는 부드럽고 매끄러운 미디엄 바디감으로 유명하고 프랑스산 메를로는 캘리포니아산보다 알코올 도수가 낮습니다. 따라서 미국에서 온 와인들은 더 묵직하고, 다른 와인들은 라이트에서 미디엄 바디감까지 다양합니다.

피니시 이 와인들은 모두 올해에 마셨던 카베르네 소비뇽이나 시라보다 피니시가 짧습니다. 입안을 점령하지 않는 더 부드러운 타닌을 느껴 보세요. 입맛에 맞나요?

메를로,
그리고 레드 와인

4월의
요리

Merlot & Other Reds

맛있는 요리를 먹자

레드 와인은 과일 향이 강한 묵직한 와인부터 부드럽고 섬세한 와인까지 다양하며, 구운 붉은 고기부터 짭짤한 치즈까지 모든 음식에 어울립니다. 이번 달에는 다 먹어볼 예정이니, 와인 클럽에는 밥은 먹지 말고 참석하도록 합니다!

블루치즈와 로스트 비프 포도 꼬치	102
그린 올리브 튀김	103
프렌치 어니언 크로스티니	104
계속 먹게 되는 설탕 넛츠	106
특별한 체리 아몬드 클라푸티	108

MERLOT & OTHER REDS

블루치즈와
로스트 비프 포도 꼬치

레드 와인과 블루 치즈는 최고의 페어링 중 하나입니다. 홀스래디쉬 마요네즈를 곁들인 부드러운 로스트 비프에 달콤하고 즙이 풍부한 포도를 곁들이면 완벽한 한입 먹거리가 되죠. 이 세 가지 재료를 꼬치에 꽂기엔 시간이 부족하다면, 접시나 쟁반에 담고 홀스래디쉬 마요네즈는 작은 그릇에 담아서 손님들이 직접 만들어 먹도록 해도 됩니다.

홀스래디쉬 마요네즈 만들기: 작은 볼에 마요네즈, 홀스래디쉬, 레몬즙, 마늘가루를 넣고 잘 섞어주면 완성입니다.

꼬치 만들기: 꼬치에 구운 로스트 비프 한 조각을 리본처럼 꽂고, 그 가운데에 홀스래디쉬 마요네즈를 한 번 쿡 찍은 다음 블루 치즈 큐브 하나, 포도 한 알을 끼웁니다. 납작한 부분을 아래로 해서 접시에 설 수 있도록 합니다. 남은 꼬치도 모두 반복해서 완성합니다.

꼬치 24개 분량

홀스래디쉬 마요네즈 재료

마요네즈 ½컵,

홀스래디쉬 2큰술

레몬즙 1작은술

마늘가루 ½작은술

꼬치 재료

로스트 비프 115g,
4등분해서 준비

블루치즈 큐브

씨없는 청포도 또는 적포도 24알,
양쪽 끝을 잘라내 준비

완벽한 에피타이저는 와인 잔을 든 상태로 입 안에 쏙 넣을 수 있어야 합니다. 바로 이 올리브 튀김처럼요! 올리브가 이렇게 맛있을 줄 누가 알았겠어요? 이 레시피에서는 모차렐라로 채웠지만, 프로볼로네 치즈를 사용해도 좋습니다.

그린 올리브 튀김

올리브 40개 분량

카놀라유 960ml(4컵)

달걀 2개, 물 2작은술에
풀어서 준비

이탈리안식 빵가루 140g(1컵)

모차렐라 치즈 55g,
2.5~6mm크기로 잘라서 준비

씨없는 그린 올리브 240g

튀김기나 바닥이 무거운 냄비에 기름을 넣고 190℃까지 가열합니다. 넓은 볼에는 달걀물, 넓은 접시에는 빵가루를 준비합니다.

씨를 제거한 올리브 안에 치즈 한 조각을 맞춰 넣습니다. 속을 꽉 채운 올리브를 달걀물에 적신 후 빵가루를 묻힙니다.

구멍 뚫린 큰 스푼에 올리브 10개 정도를 올리고 달군 기름에 조심스럽게 넣습니다. 노릇노릇해질 때까지 30~45초 동안 익힙니다. 키친타월 종이를 깔아둔 접시에 올려 기름을 조금 제거합니다.

완성된 올리브 튀김을 바로 입에 넣고 싶은 유혹을 참고 5분 정도 식을 때까지 기다립니다. 온도 유지 기능이 있는 튀김기가 아니라면 한 번 튀긴 다음 기름 온도를 다시 올려야 합니다. 식탁에 내기 전에는 10분 이상 식혀야 합니다. 따뜻하게 먹는 게 가장 맛있고, 실온에 두었다 먹어도 괜찮습니다. 단, 튀긴 후에는 냉장고에 넣지 마세요.

MERLOT & OTHER REDS

프렌치 어니언 크로스티니

이 풍부하고 쫄깃한 이 감칠맛 나는 그뤼에르 치즈 요리는 컬러너리 인스티튜트 아메리카 요리학교 시절 처음 만든 프랑스식 양파 수프에서 영감을 받아 생애 처음 제작해 본 요리 레시피입니다. 와인 클럽 모임이 있기 전날 양파를 미리 캐러멜라이징해두고 크로스티니도 구워 두면 훨씬 쉽게 만들 수 있습니다. 구운 바게트는 밀폐용기에 보관하고, 양파는 요리 완성 직전에 데우면 됩니다.

오븐은 220℃로 예열합니다. 베이킹 팬에 종이포일을 깔아 둡니다.

바닥이 두꺼운 팬이나 무쇠팬을 달구고 버터 2큰술을 녹입니다. 버터에 거품이 나면 양파를 넣고 저으며 버터를 입힙니다. 불은 중불로 낮추고, 양파가 짙은 황금빛 갈색으로 부드러워질 때까지 20~25분 정도 타지 않도록 가끔 저어가며 볶습니다. 레드 와인을 넣고 나무주걱으로 팬 바닥에 들러붙은 갈색 조각들을 긁어내고 2분 동안 더 익힙니다. 닭고기 육수를 넣고 수분이 없어질 때까지 3분 정도 더 익힙니다. 불에서 내리고 소금과 후추로 간합니다.

크로스티니 12개 분량

무염버터 55g(4큰술)

큰 양파 2개(640g), 잘라서 준비

레드 와인 60ml(¼컵)

치킨육수 120ml(½컵)

소금 ½작은술

갓 간 흑후추

바게트 12조각

마늘 1쪽, 반으로 잘라 준비

그뤼에르 치즈 60~80g
(¾~1컵)

다진 차이브 3큰술

전자레인지용 컵이나 볼에 남은 버터 2큰술을 넣고 전자레인지에 녹입니다. 준비된 베이킹 팬 위에 바게트 조각을 펼쳐 놓고, 녹인 버터를 바게트 위에 바르고 소금 ¼작은술을 골고루 뿌립니다. 오븐에서 8~10분 동안 노릇노릇하게 굽습니다. 다 구워진 바게트는 오븐에서 꺼내 5분 정도 식혀 주고 오븐은 계속 켜 둡니다. 마늘 반쪽을 크로스티니 위에 문지릅니다(미리 만들어 두는 경우에는 크로스티니는 밀폐용기에 담아 보관합니다). 따뜻한 양파 혼합물을 크로스티니 위에 1큰술씩 올리고 그뤼에르 치즈를 넉넉히 얹습니다. 치즈가 녹아 거품이 나고 노릇노릇해질 때까지 3~4분간 굽고, 오븐에서 꺼내 다진 차이브를 뿌립니다.

MERLOT & OTHER REDS

한 입 먹는 순간 이 음식이 왜 중독적인지 알게 될 것입니다. 꼭 레드 와인의 달이 아니더라도 와인 클럽 공식 메뉴로 추가하고 싶어질 거라고 장담합니다.

계속 먹게 되는 설탕 넣츠

오븐은 150℃로 예열하고 베이킹 팬에 유산지를 깔아둡니다.

작은 볼에 설탕, 소금, 시나몬, 로즈마리, 카이엔 페퍼을 섞습니다.

다른 커다란 볼에 달걀 흰자와 물 2작은술을 넣고 거품이 날 때까지 포크로 젓습니다.

달걀 흰자물에 준비한 견과류를 넣고 골고루 젓습니다. 설탕 혼합물을 뿌리고 골고루 묻힙니다.

준비된 베이킹 팬 위에 설탕을 묻힌 견과류를 한 겹으로 펴고 갈색으로 익을 때까지 가끔 저어 가며 20~25분동안 굽습니다. 오븐에서 꺼내고 식으면 견과류를 분리합니다. 실온에서 냅니다.

12~14개 분량

흑설탕 65g(⅓컵)

설탕 130g(⅔컵)

코셔 소금 1½작은술

시나몬 파우더 1작은술

잘게 다진 신선한
로즈마리 1작은술

카이엔 페퍼 ¼작은술

달걀 흰자 1개

호두, 피칸, 아몬드(또는 믹스)
455g

잣 60g(½컵)

제가 제일 존경하는 요리사 줄리아 차일드는 저를 포함한 대부분의 요리사가 표준으로 사용할 만큼 완벽한 클라푸티[1]를 만들었습니다. 여기에 아몬드 추출물을 추가하고, 레드 와인과 잘 어울리는 체리를 사용했습니다.

특별한 체리 아몬드 클라푸티

클라푸티 12개 분량

우유 300ml(1¼컵)

달걀 3개

설탕 65g(⅓컵)

아몬드 익스트랙 2작은술

소금 ¼작은술

중력분 90g(⅔컵)

씨없는 냉동 체리 280g(2컵)

슈가 파우더, 서빙용

오븐을 180℃로 예열하고 12구짜리 머핀 틀에 베이킹 스프레이를 뿌립니다.

믹싱 볼에 우유, 달걀, 설탕, 아몬드 익스트랙, 소금을 넣고 매끄러워지고 거품이 날 때까지 휘젓습니다. 중력분을 넣고 골고루 섞일 때까지 젓습니다.

12구 머핀 틀 각각에 혼합물을 2큰술씩 넣습니다. 체리를 하나씩 올리고, 그 위에 체리가 덮일 만큼 나머지 혼합물을 붓습니다.

클라푸티를 세팅한 다음, 꼬치를 꽂았을 때 깨끗하게 나올 때까지 30~35분 정도 굽습니다.

10분 동안 식힌 다음 클라푸티를 머핀 틀에서 냉각판으로 옮깁니다. 따뜻하게 내거나, 밀폐용기에 담아 보관합니다. 큰 쟁반에 클라푸티를 올리고 슈가 파우더를 뿌려 냅니다.

---

[1] (편집자 주) 밀가루, 우유, 달걀 등으로 만든 반죽에 블랙체리를 넣어 오븐에 구워낸 프랑스식 디저트

MAY
5

이번 달의 와인 클럽은 포도 한 종에만 집중하지 않고, 아주 다양한 화이트 와인을 맛볼 수 있도록 준비했습니다. 만약 여러분이 레스토랑에서 하우스 화이트 와인 주문하는 것이 재미가 없어졌거나, 매주 금요일에 같은 샤르도네만 마시는 것이 더 이상 즐겁지 않다면 이번 달 와인 클럽이 딱 맞을 것입니다. 화이트 와인의 포도는 '백포도[1]'라는 이름과 달리, '화이트'가 아닙니다. 이 품종들은 녹색이거나 짙은 노란색일 수도 있고, 때로는 분홍색이기도 합니다. 덕분에 다양한 맛을 내지요. 세상에는 수백 종의 화이트 와인이 있고 그 와인들을 다 맛보려면 몇 년이 걸릴 수도 있습니다. 그래서 이번 달은 프랑스와 이탈리아에서 온 비교적 덜 알려진 화이트 와인을 맛보기 위해 멀리 나가 전 세계의 와인들을 둘러보고, 포르투갈과 그리스에서도 한 모금쯤 맛볼 것입니다. 여러분에게 익숙할 피노 그리지오 같은 와인도 있고, 몇 종은 처음 들어본 와인일 텐데, 어느 쪽이든 5월의 와인 클럽을 마치면 여러분이 가장 좋아하는 화이트 와인이 어떤 종류인지 알게 될 것입니다.

1 (편집자 주) 한국에서는 청포도라고 부르지만, 여기에서처럼 화이트 와인을 만드는 포도 품종을 가리킬 때는 백포도로 표기하였다.

화이트 와인 알아가기

우리는 이번 달에 비오니에라는 소중한 화이트 와인과 함께 많은 시간을 보낼 예정입니다. 나란히 두고 보면 비오니에와 샤르도네는 언뜻 자매가 될 수 있을 것처럼 보입니다. 이 두 와인은 저산성에 알코올 도수가 높다는 공통점이 있지만, 이게 전부입니다. 향만 한 번 씩 맡아 봐도 비오니에가 샤르도네보다 훨씬 관능적인 와인이라는 걸 단번에 알 수 있을 것입니다. 꽃 향기 가득한 이 와인은 과일 향도 풍부하지만, 치자꽃, 인동덩굴, 오렌지꽃 등의 향을 찾아내는 것도 이 와인을 마실 때 가장 큰 즐거움이 됩니다.

샤르도네처럼 비오니에는 구대륙, 구체적으로 말하면 특히 프랑스 북부 론 밸리와 신대륙 모두에서 생산됩니다. 가장 눈에 띄는 차이점은 신대륙에서 온 비오니에에서는 더 풍성한 과일과 더 강한 꽃향기가 나고, 구대륙에서 온 비오니에는 더 차분하고 여러 층위의 맛이 난다는 것입니다. 어느 쪽이든, 꽃향기가 풍부한 비오니에는 멋진 식전주가 되고 친구들과 야외에서 스프리처[2]로 마시기에도 훌륭하며, 사랑하는 이와 함께 공원에서 소풍을 갈 때도 완벽한 와인입니다.

세계적인 비오니에가 태어난 곳인 프랑스 콩드리유의 유명한 와인 생산자인 조르주 베르네(Georges Vernay)는 이 변덕스러운 포도를 굳게 신뢰했습니다. 콩드리유의 포도는 프랑스에서 '가장' 오래된 것은 아니더라도 적어도 '가장 오래된 것 중 하나'라고는 믿어지고 있지요. 이 포도들은 계단식으로 된 가파르고 바위가 많은 밭에서 자라고, 이 포도를 기르고 수확한다는 것은 고된 노동의 정의 그 자체라고도 할 법합니다. 베르네가 바로 이곳에서 살구, 복숭아, 이국적인 과일의 향이 나는 아름답고 머스키한 비오니에를 생산해 냈죠.

론의 또다른 가장 유명한 화이트 와인 재배 지역은 같은 이름의 포도로 유명한 샤토 그리예(Château-Grillet)입니다. 대부분의 비오니에는 어릴 때 마셔야 하지만, 와인 생산자들과 전문가들의 말에 따르면 샤토 그리예는 20년까지 숙성시킬 수 있다고 말합니다.

우리는 2월에 이 백포도가 시라와 블렌딩되어 레드 와인 코트-로티(Côte-Rôtie)를 생산되는 것을 보았습니다. 프랑스인들이 시라처럼 존경받는 포도와 백포도가 섞이도록 허용하는 것은 매우 드문 일이지만, 코트-로티에 비오니에

[2] (편집자 주) 화이트 와인에 탄산수를 혼합한 음료

를 더하면 시라를 섬세하고 부드럽게 만들고 향에 깊이를 더합니다. 이 점이 바로 여러분이 이 화이트 와인에 관심을 둘 만한 가치가 있다는 것을 증명하죠.

오크통 안의 화이트 와인

비오니에를 포함한 모든 화이트 와인은 주로 스테인리스 스틸, 플라스틱, 유리, 시멘트, 또는 오크통에서 발효 및 또는 숙성됩니다. 그런데 이 소재에 왜 우리가 신경을 써야 할까요? 와인을 만드는 과정 중 바로 이 부분이 결국 우리가 마시는 와인에 큰 차이를 만들기 때문입니다. 앞에 나열한 소재 중에서도 오크통의 비중이 가장 큰데, 와인의 색과 질감, 향, 맛까지 모두 관여합니다.

뉴 오크는 갓 만들어 구운 통이라는 뜻으로, 가장 대담한 맛과 질감을 부여합니다. 맑은 와인을 더 풍부한 짚색, 심지어는 금빛으로 바꾸고, 바닐라, 캐러멜, 코코넛, 토스트, 계피나 정향 등 베이킹에서 많이 쓰이는 향신료도 찾아 볼 수 있죠. 새 통은 또한 타닌과 구조감을 강하게 만듭니다. 통이 반복적으로 사용되면서, 보다 중립적이고 부드러움을 부여하도록 변해가죠.

미국산 오크통은 보다 대담하고 버터와 바닐라 느낌으로 유명하고, 프랑스산 오크통은 와인에 견과류와 스모키한 요소를 부여합니다. 어느 경우든 통이 호흡하며 유입되는 공기가 화이트 와인을 둥글게 하거나 무게를 더합니다. 덕분에 스테인리스 스틸로 숙성했을 때보다 크리미하고 풍부한 와인을 만들어집니다. 반면 스테인리스 스틸 탱크는 밀폐되어 있기 때문에 추가적인 맛이나 향이 와인에 남지 않아 포도의 진정한 본질을 밝고 빛나게 보여줍니다.

이번 달의 와인 클럽에서, 여러분이 마시는 화이트 와인이 토스트와 바닐라 향이 나고 황금빛 색이라고 묘사할 수도 있고, 아니면 맑고 바삭하며 상쾌하다고 표현하게 될 수도 있습니다. 여러분의 표현은 이 와인이 어떻게 만들어졌는지에 대한 힌트가 될 수 있지요. 어떤가요, 여러분이 와인 클럽을 연 지 고작 4개월밖에 안 되었는데 어느 정도 와인 생산자의 싹이 보이는 것 같지 않나요?

꼭 마셔봐야 할 다른 화이트 와인들

 이제 훌륭한 화이트 와인들을 만날 시간이니, 와인 잔을 꼭 붙들고 있기를 바랍니다. 아래 목록은 여러분이 시도해 봐야 할 화이트 와인 중 일부일 뿐입니다. 아래 목록은 프랑스에서 그리스, 이탈리아에 이르기까지 전 세계에 걸쳐 있으며 특히 와인 클럽에 적합한 저렴한 와인들입니다.

첫 번째, 프랑스

 마르산느와 루산느(Marsanne and Roussanne) 이 두 개의 유명한 화이트 와인 품종은 북부 론 밸리에서 납니다. 둘 다 론 지역의 시라와 섞여서 묵직한 레드 와인을 부드럽게 하는 데 사용됩니다. 그러나 그 자체로도 꽤 흥미로운데, 마르산느는 풀 바디에 때로는 왁스 같은 것으로 묘사되는 깊은 색상의 화이트 와인을 만듭니다. 가장 좋은 것은 오렌지 마멀레이드와 복숭아 향이 강하게 나는 시트러스 계열의 향수 그리고 아몬드 페이스트의 노트를 가지고 있습니다. 산도는 이 와인의 장점이 아니므로 마르산느는 어린 와인을 마시는 것이 좋습니다. 루산느는 종종 마르산느과 블렌딩되는데, 사실 블렌딩되지 않은 순수 루산느 와인은 거의 찾을 수가 없습니다. 이 와인들은 허브차 같은 향이 나고, 마르산느처럼 흙 느낌이 나는 레몬 향, 그리고 특이한 왁스 질감도 살짝 느낄 수 있습니다. 맛있는 와인은 신선한 배와 꿀맛이 납니다. 프랑스 라벨은 파악하기가 까다로울 수 있는데, 론 지역의 마르산느와 루산느 와인은 라벨에 품종이 적혀 있지 않기 때문에 명칭으로 알아봐야 합니다. 크로제스 에르미타주(Crozes-Hermitage), 에르미타주(Hermitage), 세인트 조셉(St-Joseph)산 화이트 와인을 보세요. 여러분이 마르산느나 루산느로만 화이트 와인을 만드는 특정 생산자를 아는 게 아니라면, 앞의 세 지역의 화이트 와인을 마셨을 때 마르산느 한 모금, 루산느 한 방울쯤은 마셨을 것입니다.

 뮈스카데(Muscadet) 더 달콤한 모스카토를 만드는 뮈스카(Muscat)[3]와 혼동하지 않도록 합니다. 이 드라이한 와인은 바삭바삭하고 시큼하며, 미네랄, 그리고 때로 자몽이란 단어로도 표현되지요. 프랑스의 주요 뮈스카데는 다행히도 라벨에 'Muscadet'라고 써 있습니다. 그 외에는 뮈스카데 세브르 에 멘느

---

3 (편집자 주) 화이트 와인에 탄산수를 혼합한 음료

VIOGNIER & OTHER WHITES

(Muscadet Sèvre-et-Maine), 그리고 뮈스까데 꼬또 드 라 루아르 (Muscadet côteaux de La Loire)라고 써 있을 수도 있습니다. Merci!

두 번째, 독일과 오스트리아

그뤼너 벨트리너(Grüner veltliner) 오스트리아의 가장 유명한, 줄여서 그뤼너라고도 부르는 이 화이트 와인은 아주 풍부한 시트러스의 풍미를 갖고 있습니다. 때때로 피망 느낌의 매운 맛도 포함하고 있습니다. 소비뇽 블랑과도 비슷한 그뤼너는 야외 식사 자리에 어울릴 뿐더러 가성비도 좋습니다.

뮐러-투르가우(Müller-thurgau) 6월에 맛있는 독일산 리슬링을 맛볼 수 있을 테니, 이번 달에는 다른 독일산 화이트 와인인 뮐러-투르가우를 만나 봅시다. 뮐러-투르가우는 독일에서 가장 흔히 재배되는 포도로, 세미 드라이, 가벼운 와인을 생산합니다. 미국 오리건주나 워싱턴주에서 생산하는 뮐러 투르가우를 준비해도 좋습니다.

이탈리아로 넘어가서

피노 그리지오(Pinot Grigio): 이탈리아 북부, 프랑스식으로는 피노 그리(Pinot Gris) 최근 몇 년 동안 이 포도는 일상적인 와인으로 자리를 잡았습니다. 아직 시도해보지 않았다면 이참에 재미있고 접근하기 쉬운 이 순한 친구를 만나 보세요. 바삭바삭하고 건조하며 라이트에서 미디엄 정도의 바디감을 갖고 있습니다. 어떤 것은 딱히 별 특징이 없을 수 있지만(심지어는 묽게 느껴지기도) 보통은 사과, 배, 복숭아 그리고 감귤류 등의 훌륭한 과일의 향과 맛을 얻을 수 있습니다. 모든 상황에 다 어울리는데, 특히 결혼식에 배치하기 탁월합니다. 다양한 음식, 특히 에피타이저에 곁들이기 훌륭합니다.

가비(피에몬테, Gavi/Piedmont) 이 와인은 포도가 아니라 피에몬테 와인 재배 지역의 이름을 따서 지은 것입니다. 코르테제(Cortese) 품종으로 만들어진 드라이하고 산도 있는 화이트 와인으로, 짚색을 띠고 중성적이고 부드러운 향이 납니다. 가비 디 가비(Gavi di Gavi)는 말 그대로 '가비에서 온 가비'라는 뜻으로, 이 스타일의 정점이라 할수 있습니다. 소비뇽 블랑을 좋아하는 분이라면 단언컨대 이 와인도 좋아하게 될 겁니다. 그리고 이탈리아식 화려한 저녁식사에 이 와인을 곁들이면 아주 경쾌하고 행복한 시간을 보낼 수 있을 것입니다.

베르나챠 디 산 지미냐노(토스카나, Vernaccia di San Gimignano/Tuscany)
제가 제일 좋아하는 화이트 와인이랍니다. 이탈리아 전역에서 베르나챠라고 불리는 다양한 백포도가 자라는데, '베르나챠'는 지역, 또는 토종 포도를 암시하는 단어 'vernacular'와 관련이 있습니다. 그러나 베르나챠 디 산 지미냐노가 바로 여러분이 골라야 할 와인입니다. 이 품종은 오직 토스카나의 마을 산 지미냐노(San Gimignano) 주변에서만 자라고, 샤르도네와 블렌딩되기도 합니다. 이 와인은 라이트한 바디감에 마시기 쉬운 와인으로 독특한 아몬드와 향신료의 향이 납니다.

베르멘티노 디 갈루라(사르디니아, Vermentino di Gallura/Sardinia) 베르멘티노는 사르디니아 섬의 불리한 조건에서 자라는 강인한 포도입니다. 그 지역에서 자라는 다른 식물에서 영감을 얻은 초본 향(민트, 세이지, 오레가노 등)이 특징입니다. 과일 향이 나는 화이트 와인을 선호하지 않는 분에게 딱입니다.

마지막 경유지, 스페인, 포르투갈, 그리스

알바리뇨(포르투갈어로 알바리뉴, Albariño/Alvarinho) 스페인과 포르투갈이 자랑하는 화이트 와인 품종 중 하나입니다. 포르투갈에서는 비뉴 베르데(Vinho Verde)를 위한 블렌딩에 사용합니다. 미디엄에서 풀 바디 정도이고 감귤류 과일, 꽃, 복숭아의 향으로 입안에 침을 고이게 하며, 때로는 미네랄, 젖은 돌 느낌과 약간의 소금기가 느껴지기도 합니다. 해산물 타워에 곁들이기 아주 좋습니다.

비뉴 베르데(Vinho Verde) 이제는 포르투갈로 갑니다. 만약 여러분이 유럽 여행을 계획하고 있다면, 꼭 비뉴 베르데와 같은 가볍고 경쾌한 화이트 와인을 마셔 봐야 합니다. 베르데(verde)는 '초록색'이라는 뜻인데, 와인 색을 말하는 게 아니라 어릴 때 마셔야 한다는 의미입니다. 이 화이트 와인은 따뜻한 날씨에는 물론이고, 무더운 날에도 아주 잘 어울립니다. 바삭한 레몬 풍미에, 탄산이 약하게 있고 알코올 도수도 낮아 점심 식사에 곁들이기 좋습니다.

아시르티코(Assyrtiko) 그리스는 실질적으로 와인을 발명한 곳이지만, 요즘은 그저 '신흥 와인 지역'으로 여겨집니다. 아마도 사람들이 형편없는 레치나(Retsina, 송진을 섞은 그리스의 화이트 와인)를 먼저 생각하기 때문일 것입니다. 하지만 실제로는 그리스 섬뿐만 아니라 본토에서도 꽤 괜찮은 와인이 생산됩니다. 이 화이트 와인은 가볍고 미네랄이 풍부하며, 산성이고 드라이합니다. 그리스에 갈 때는 산토리니의 이 와인과 함께 즐거운 휴가가 되시기를.

와인 용어

아페리티프(aperitif) 식욕을 자극하기 위해 식사 전에 마시는 와인(식전주)으로, 비오니에를 사용한 화이트 와인 스프리처는 훌륭한 아페리티프입니다.

아로마틱(aromatic) 품종 고유의 강렬한 향이 나는 와인을 말합니다.

브라이트(bright) 맑은 와인의 모습을 표현할 때 씁니다. 신선하고 깨끗한 와인의 맛을 설명하는 데에도 사용되는 용어입니다.

플로럴(floral) 베리나 흙내음보다 꽃의 냄새가 더 나는 와인을 설명합니다. 플로럴 와인에서 가장 흔하게 맡을 수 있는 향으로는 장미, 치자꽃, 제비꽃, 오렌지 블라썸이 있습니다.

리치(rich) 입안을 가득 채우는 질감, 강한 향, 혹은 진한 풍미를 나타낼 때 사용됩니다.

쉬르 리(sur lie) 와인 라벨 뒷면에서 볼 수 있는 용어입니다. 이는 와인이 찌꺼기(바닥에 가라앉는 고형분) 위에서 숙성되었음을 뜻하며, 와인에 구조감과 약간의 바디감을 부여할 뿐만 아니라 특유의 효모 향을 주고 때로는 약간의 탄산이 있기도 합니다.

5월의 와인

이번 달의 라인업을 고르는 것은 정말 어려운 일이었습니다. 사랑하는 화이트 와인들이 너무 많지만, 이 우승자들은 여러분에게 새로운 관점에서 화이트 와인을 보여줄 수 있는 아주 흥미롭고 독특한 품종들일 것입니다.

비오니에(Viognier) ($15~20)

콩드리유의 비오니에는 병당 약 $45부터 시작하는 반면, 샤토 그리에(Château-Grillet)의 가격은 $65 이상입니다. 랑그독 지역의 비오니에 와인은 저렴하고 구하기 쉽고, 캘리포니아, 칠레, 또는 호주에서 온 비오니에도 프랑스산에 비해 훨씬 저렴합니다.

프랑스, 마르산느(Marsanne, France) ($15~20)

에르미타주 지역의 와인은 이번 달 리스트에 포함하기에 완벽한 선택입니다.

이탈리아, 피노 그리지오(Pinot Grigio, Italy) ($15~20)

보통 산타 마르게리타(Santa Margherita)로 멋진 피노 그리지오를 선보이지만, 다른 피노 그리지오보다 조금 더 비쌉니다.

그뤼너 벨트리너(Grüner Veltliner) ($20 이하)

산성으로 군침이 도는 경험을 얻고 싶다면 도수가 12.5% 미만인 제품을 찾아보는 것을 권합니다.

알바리뇨(Albariño) ($20 이하)

스페인 리아스 바이사스(Rias Baixas) 지방의 알바리뇨나 포르투갈의 비뉴 베르데, 또는 둘 다 이번 달 와인 클럽 리스트에 포함해도 좋습니다.

코르크 마개와 스크류 캡

스크류 캡에 대한 이야기를 해보겠습니다. 올드스쿨 와인 애호가들은 코르크를 쓰지 않는다는 생각 자체를 싫어했습니다. 그러나 사실은 스크류 캡이 코르크 마개보다 와인을 훨씬 더 오래, 온전하게 유지하는 것으로 입증되었지요. 여기서 과학적인 이야기를 하고 싶지는 않으니 간단하게만 말하자면, 코르크 마개는 숨구멍이 있어 공기가 통과하지만 스크류 캡은 그렇지 않다는 것이 포인트입니다. 최근의 현대적인 와인 생산자들은 이 사실을 받아들였고, 이제 더이상 스크류 캡이 있는 와인이 모두 가치가 낮다고 보긴 어렵습니다. 품질 좋은 와인도 이제 점점 스크류 캡으로 대체되고 있지요. 하지만 남아프리카 공화국의 한 와인 생산자에게 현재 진행중인 코르크 마개 논쟁에 대해 어떻게 생각하는지 물었을 때 "코르크를 '돌려서' 열면 되죠"라고 짐짓 정중하게 대답하더군요. 세계 유명 와인들이 이 반짝거리는 모자를 쓸 수도 있고 안 쓸 수도 있겠지만, 병에 든 것이 그만한 가치가 있는 한 저는 어느 쪽이든 상관 없습니다.

아시다시피 코르크 나무에서 쓸 만한 코르크를 얻는 데에는 25년이 걸리고, 그 이후에는 9년에 한 번씩만 나무의 껍질을 벗길 수 있죠. 여러분이 환경 보호를 고려하는지와는 상관없이, 논리적으로 생각했을 때 코르크가 왜 와인 병을 봉인하는 데 적합하지 않은지 짐작할 수 있을 것입니다.

VIOGNIER & OTHER WHITES

와인을 즐길 시간

이번 시음회에서 우리는 화이트 와인에 대한 모든 것들을 즐겨 볼 것입니다. 치아에서 에나멜을 벗겨내는 것 같은 강한 산성의 와인부터 오크 향이 나는 풍부한 와인까지 맛보며 여러분은 화이트 와인을 더 잘 알게 될 것입니다. 이번 달에는 다음과 같은 카테고리별로 다양한 화이트 와인을 소개할 테지만, 참고만 하세요! 행복한 시음회 되시길 바랍니다.

온도와 시간

지나치게 차가운 화이트 와인은 향기와 맛이 가려져 버리니 찬기가 가시도록 잠시 실온에 두는 것이 좋습니다. 전통적으로 와인은 '저장고 온도'인 약 12.8℃에서 제공됩니다. 하지만 저희는 온도계에 너무 의존하지 않기 위해서, 이 와인이 상쾌한 느낌이 날 정도로는 차갑고, 향과 맛이 잘 날 정도로는 따뜻한지만 확인합니다. 와인이 너무 차가우면 손에 든 잔을 가지고 빙빙 돌리면서 손에 있는 열로 잔과 와인을 따뜻하게 데우면 됩니다. 이게 '적절한' 행동은 아닐 수 있겠지만, 누구나 최적의 온도로 조절되는 와인 셀러를 갖고 있는 건 아니니까요. 결국 여러분은 나와 마음이 맞는 친구들과 함께 와인 클럽을 즐기고 있을 뿐인 걸요.

여기에 덧붙이고 싶은 말이 있습니다. 만일 여러분이 와인을 더 차갑게 식혀 마시는 것을 좋아한다면···. 여러분이 맛보는 와인 모두 개인적인 취향일 뿐이라는 말을 하고 싶네요. 여러분이 이런 논란에 대해 어떻게 생각하는지 스스로 의견을 내보는 것도 좋습니다.

색상 맑은 색에서 황금색, 옅은 짚색에서 더 진한 노란색까지, 품종 상관없이 밝은 색이여야 합니다.

향 파인애플, 패션 프루트, 망고 같은 열대 과일과 사과, 배, 살구, 복숭아, 레몬, 라임, 자몽 등 각종 과일, 인동덩굴, 치자꽃, 오렌지 꽃 등 각종 꽃의 향이 납니다. 또 계피와 정향과 같은 달콤한 향신료의 향도 나고, 흙, 머스크, 미네랄, 젖은 돌, 소금기와 구운 빵, 바닐라, 코코넛 등의 오크에서 비롯한 요소들을 발견할 수 있습니다.

맛 단맛에서 드라이한 맛, 과일 맛에서 소박한 맛까지 다양합니다. 위의 향과 비슷하다고 할 수 있습니다. 그러니 맛본 와인이 여러분을 기쁘게 하는지, 그리고 더 마시고 싶은 마음이 드는지에만 집중합니다.

바디감 화이트 와인은 가벼운 바디감에서부터 풀 바디의 무게감까지 다양합니다. 타닌은 대부분 부드럽고 **뺨** 안쪽에서 느낄 수 있습니다. 대부분은 라이트한 바디감이지만 입안에서 둥글고 풍부하게 가득찬 느낌이 드는 풀 바디의 와인도 있습니다.

피니시 와인의 산도에 주목합니다. 군침이 도는 느낌이 드나요? 피니시는 다소 날카롭게 느껴질 수도 있고, 섬세한 인상을 줄 수도 있습니다. 잘 만들어진 화이트 와인은 산도가 좋고, 상쾌하면서도 생동감 있는 피니시가 잠시 머물며 한 모금 더 마시고 싶은 마음이 들게 합니다.

맛있는 요리를 먹자

이달의 간단하고 매콤한 메뉴들은 지중해에서 많은 영감을 얻었습니다. 시음해야 할 와인이 매우 다양하기 때문에 음식도 다양할 것은 당연합니다. 하지만 시간이 부족하다면 간단한 메제 플래터로 대체해 보세요. 매장에서 구입한 후무스, 차지키, 바바 가누쉬와 함께, 잘게 썬 신선한 채소(피망, 방울토마토, 오이 등)나 절인 채소, 올리브, 그리고 여러 종류의 크래커나 피타 브레드를 곁들이면 훌륭합니다.

스파이시 후무스	**126**
갈릭 파마산 치즈 스틱	**127**
그릭 요거트와 레몬필 프리저브를 곁들인 지중해 미트볼	**128**
미니 그릭 샐러드 바이트	**130**
복숭아 마멀레이드 마들렌 아이스크림 샌드위치	**131**

VIOGNIER & OTHER WHITES

이달의 와인은 매운 맛과 잘 어울릴까요? 크리미하고 매콤한 후무스와 차가운 화이트 와인을 함께 마셔봅시다.

스파이시 후무스

푸드 프로세서나 믹서기에 물기를 제거한 병아리콩, 레몬즙, 물, 타히니, 커리 페이스트, 마늘가루, 소금을 넣고 짧게 여러 번 작동해 재료들을 간단히 섞습니다. 믹서를 켠 상태에서 재료들이 모두 퓨레로 부드럽게 될 때까지 오일을 넣어줍니다. 완성이 된 후무스를 그릇에 담고 피타 칩과 제공합니다.

2컵(480g) 분량

캔 병아리콩 400g
레몬즙 60ml
(¼컵, 레몬 2개 분량)
아주 찬 물 60ml(1컵)
타히니 2큰술
커리 페이스트 1큰술
마늘가루 1작은술
코셔 소금 ½작은술
올리브 오일 90ml(1컵과 2큰술)
피타 칩, 서빙용

퍼프 페이스트리 한 통 정도 냉장고에 보관하고 있으면 더할 나위 없이 든든하죠. 몇 분이면 이 반죽 한 장을 다양한 에피타이저로 바꿀 수 있고, 바삭바삭하고 마늘 향 가득한 치즈 스틱은 화이트 와인과 잘 어울립니다.

갈릭 파마산 치즈 스틱

치즈스틱 20개 분량

해동한 퍼프 페이스트리 반죽 2장 (490g)

물 1작은술에 푼 달걀 1개

다진 마늘 2큰술

다진 파슬리 10g(¼컵)

신선한 파마산 치즈 가루 50g(½컵)

　오븐을 200℃로 예열하고 베이킹 팬에 종이포일을 깔아 둡니다.

　밀가루를 작업 테이블에 살짝 뿌립니다. 미리 해동해 놓은 퍼프 페이스트리 반죽 두 장을 나란히 놓고, 끝을 꼬집으며 이음새를 이어 커다란 한 장으로 만듭니다. 반죽에 달걀물을 바르고 마늘, 파슬리, 치즈 25g(¼컵)을 반죽 위에 고루 뿌립니다.

　피자 커터나 칼을 사용하여 시트를 2.5cm 넓이로 잘라 스틱 20개를 만듭니다. 나중에 부풀어 오르기 때문에, 자른 스틱의 두께가 얇더라도 걱정 마세요. 긴 반죽의 양 끝을 잡고 서로 반대 방향으로 비틀어 살짝 꼬아서 준비된 베이킹 팬 위에 놓습니다. 스틱마다 달걀물을 다시 발라 주고 남은 치즈 25g(¼컵)을 뿌립니다.

　예열된 오븐에서 황금빛 갈색이 되고 부풀어 오를 때까지 약 12분 굽습니다.

　당일 만든 것이 가장 맛있지만, 하루 전에 미리 만들어 식혀서 밀폐용기에 보관해도 괜찮습니다.

VIOGNIER & OTHER WHITES

그릭 요거트와 레몬필 프리저브를 곁들인 지중해 미트볼

미트볼 하나를 입에 넣는 순간 그리스나 튀르키예 어딘가에 와 있는 듯한 기분이 들 겁니다. 양고기와 소고기를 섞어 만들어도 되고, 선호하는 종류로 하나만 사용해도 됩니다. 이 미트볼을 레몬 요거트 소스에 찍어서 레몬필 프리저브를 하나 올려 한입에 먹을 때 이 요리의 진정한 맛을 느낄 수 있습니다.

오븐을 200℃로 예열하고 베이킹 팬에 종이포일을 깔아 둡니다.

큰 볼에 소고기, 양고기, 달걀, 빵가루, 오레가노, 큐민, 생강, 소금을 골고루 잘 섞습니다. 미트볼은 4~5cm 크기로 만들어 베이킹 팬에 올려 둡니다. 한 두 입에 먹을 수 있는 사이즈여야 합니다. 오븐에서 20분간 굽고, 브로일러 아래 부분에서 2분간 더 구워 황금빛 갈색이 되도록 만듭니다.

위에 레몬필을 뿌리고 요거트 소스가 담긴 작은 그릇을 함께 접시에 담아 냅니다.

미트볼 25~30개 분량

다진 소고기 340g

다진 양고기 340g

푼 달걀 2개

빵가루 70g(½컵)

오레가노 가루 1큰술

큐민 가루 1큰술

다진 생강 1큰술

소금 2작은술

간편한 레몬필 프리저브 (레시피 참고)

요거트 디핑 소스(레시피 참고)

레몬 2개(가능한 유기농으로)

레몬즙 1큰술

설탕 1큰술

소금 1작은술

후춧가루 ¼작은술

플레인 그릭 요거트 240g(1컵)

엑스트라 버진 올리브 오일 3큰술

레몬즙 2큰술

레몬 제스트 1작은술,
가니시용 여분

잘게 다진 이탈리안 파슬리,
가니시용 조금

코셔 소금과 갓 갈아낸 흑후추

레몬필 프리저브 만들기

감자칼로 흰 속껍질이 없도록 레몬의 껍질을 벗겨내고, 각 껍질 조각을 가로로 3등분합니다. 작은 그릇에 레몬필 조각들, 레몬즙, 설탕, 소금, 그리고 후춧가루를 섞고 적어도 한 시간 동안 절입니다. 미리 만들어서 1주일까지 냉장 보관했다가 사용해도 됩니다.

요거트 디핑 소스 만들기

볼에 요거트, 올리브 오일, 레몬즙, 레몬 제스트, 파슬리를 넣고 잘 섞습니다. 소금과 후추로 간을 하고, 남은 레몬 제스트와 파슬리를 약간 뿌려 장식합니다.

VIOGNIER & OTHER WHITES

여러분이 지금까지 먹어본 샐러드 중 가장 앙증맞은 샐러드일 것입니다. 신선한 야채와 톡 쏘는 페타 치즈의 조합으로 이번 달 사랑스러운 화이트 와인과의 이상적인 조합을 이룹니다.

미니 그릭 샐러드 바이트

베이킹 팬에 페이퍼 타월을 깔아 둡니다. 준비한 오이는 아이스크림 스쿱을 이용해 바닥에 살 층을 남기고 파내서 오이 컵을 만들어 둡니다. 페이퍼 타월 위에 오이 컵을 거꾸로 엎어서 물기를 뺍니다.

드레싱 만들기: 꼭 맞는 뚜껑이 있는 작은 유리병에 드레싱 재료를 모두 넣고 잘 흔들어 섞습니다.

샐러드 만들기: 볼에 빨간 피망, 방울토마토, 페타 치즈, 올리브, 민트를 섞습니다. 드레싱 1작은술을 넣고 골고루 섞은 다음, 맛을 보고 입맛에 맞게 드레싱을 조금 더 추가해 주세요.

완성! 오이컵에 샐러드를 채우고 넓은 쟁반이나 접시에 예쁘게 담아 완성합니다.

12~14개 조각 분량

영국 오이[4] 1개, 껍질 벗기고 2cm 크기로 잘라서 준비

드레싱

엑스트라 버진 올리브 오일 2큰술

레드 와인 식초 1큰술

오레가노 가루 ½작은술

마늘가루 ½작은술

디종 머스타드 ¼작은술

소금 ¼작은술

샐러드

잘게 다진 빨간 피망 30g(¼컵)

잘게 썬 방울 토마토 40g(¼컵)

으깬 페타 치즈 2큰술

블랙 또는 칼라마타 올리브 2큰술, 잘게 다져서 준비

잘게 다진 신선한 민트

---

4 (역주) 길고 씨 없는 품종으로, 일반 오이에서 씨를 발라내고 사용해도 된다.

조개껍질 모양의 작은 프랑스 스폰지 케이크인 마들렌은 아주 섬세하고 앙증맞은 쿠키입니다.
마들렌을 반으로 자르고 복숭아 아이스크림으로 가득 채우면 이달의 와인 클럽을 위한 완벽하고 달콤한 마무리가 될 것입니다.
손님이 두 개씩 맛볼 수 있도록 충분히 만듭니다.

복숭아 마멀레이드 마들렌 아이스크림 샌드위치

20개 분량

바닐라 아이스크림 480g

복숭아 마멀레이드 3큰술

시판용 마들렌 20개, 반으로 잘라 준비

냉동실에서 아이스크림을 실온에 10분간 둡니다.

큰 그릇에 아이스크림을 담고 나무 숟가락이나 주걱으로 부드럽게 풀어줍니다. 아이스크림을 너무 많이 뒤적이지 않습니다. 수프처럼 질척한 점도가 아니라 부드러운 아이스크림처럼 보여야 합니다. 마멀레이드를 넣고 조금 더 섞습니다.

아이스크림을 다시 원래 용기에 다시 넣고 완전히 얼 때까지 약 1시간 동안 냉동실에 넣습니다(이렇게 하면 레시피에 필요한 것보다 더 많은 아이스크림이 만들어집니다. 남은 아이스크림은 단독으로 먹거나 또는 다른 디저트와 함께 즐깁니다).

빈 접시를 냉동고에 넣어둡니다. 복숭아 아이스크림이 다시 얼었을 때 마들렌 한쪽에 아이스크림 1큰술을 넣고, 다른 한쪽을 아이스크림 위에 덮어 샌드위치처럼 만듭니다. 미리 냉동고에서 식힌 접시에, 완성된 마들렌 미니 아이스크림 샌드위치가 녹지 않도록 한번에 두어 개씩 올려 넣어둡니다. 일주일 전에 미리 만들어 보관해도 되며, 필요할 때 꺼내 서빙합니다.

JUNE
6

신나게 떠들기 좋은 맑은 날에는 스파클링 와인이나 로제를 자주 찾습니다. 그러나 여름에 가장 사랑받는 스파클링 와인, 로제, 피노 그리지오와 새로운 리슬링과 함께 뒷마당 비공식 피크닉 음식 페어링 테스트를 연 결과, 리슬링이 챔피언으로 등극했습니다. 샌드위치부터 샐러드, 파테와 피클까지 모든 음식과 잘 어울렸지요. 리슬링은 알코올 도수가 8도 정도로 낮은 편이라 여름, 특히 화창한 날 밖에서 다같이 마시기 좋은 와인입니다. 그런데 피크닉 음식 테스트 후에 추가로 테스트를 거쳤더니, 봄과 가을 라인업에도 이 사랑스러운 작은 화이트 와인이 들어왔답니다.

이번 달에는 와인 클럽을 야외에서 열어보세요. 나무 아래에 돗자리를 깔고, 마당의 데크에 자리를 잡아도 좋습니다. 여러분은 곧 왜 산뜻하고 밝은 날씨에 산들 바람이 살랑살랑 부는 6월이 이 기발한 와인과 사랑에 빠지게 되는 달인지 곧 알게 될 것입니다.

리슬링 알아가기

리슬링 포도는 종종 오해를 받습니다. 언젠가부터 미국인들은 리슬링이 세련되지 않고 너무 달고, 와인 쿨러나 화이트 진판델 같은 초보자용 와인이라고 평가해 왔습니다.

미국의 리슬링은 여전히 1970~1980년대에 수입된 달콤한 독일산 리슬링 와인이 남긴 부정적인 여운에서 완전히 벗어나지 못하고 있습니다. 당시에는 엄청난 인기를 끌었지만, 미국 와인 애호가들이 점점 더 진지하게 와인을 즐기기 시작하면서 지나치게 단 와인을 멀리하게 되었고, 리슬링은 타격을 입었죠. 리슬링이 그 당시에 인기 있었던 와인인 블루 넌(Blue Nun)처럼 너무 달고, 독일 리슬링 기반 와인인 리프라우밀히(Liebfraumilch)만큼이나 지루하다는 인식 때문이었습니다.

요즘에도 리슬링을 권하면 '아니, 나는 달콤한 와인을 좋아하지 않아'라면서 거절하는 사람이 있습니다. 하지만 이 사람들은 완전히 손해 보면서 사는 겁니다. 모든 리슬링이 달콤한 것은 아니고, 단맛에서 꽤 건조한 느낌까지 다양한 데다, 무엇보다 와인이 달다고 해서 문제가 되는 건 아닙니다. 좋은 리슬링은 물리지 않는 깨끗한 종류의 단맛을 풍기고, 바삭바삭한 향으로 압축된 과일맛은 정말 좋습니다.

미국에서 리슬링의 매력이 서서히 재발견되고 있기는 하지만, 아직도 많은 사람들이 리슬링에 대한 선입견에서 벗어나지 못하고 있습니다. 오히려 다행이지요! 리슬링이 본격적으로 인기를 얻기 전까지는 한 병에 $10에서 $15 정도면 구매할 수 있는 가성비 좋은 와인으로 남아줄 테니까요.

시원하게 피어나는 리슬링

리슬링을 찾으러 스페인, 이탈리아, 프랑스 남부까지 갈 필요는 없습니다. 좋은 리슬링은 서늘한 기후에서 자란 포도로 만들어지기 때문입니다. 이런 포도는 긴 서늘한 계절을 거치며 익어가고, 가을까지 덩굴에 매달려 있어야 합니다. 물론 호주나 캘리포니아에서도 리슬링을 찾을 수는 있지만, 이 지역의 리슬링은 훨씬 더 풍만하고 묵직하며, 북유럽 스타일의 리슬링에서 느낄 수 있는 생생한 산도는 부족할 수 있습니다. 리슬링을 고를 때는 독일 북부나 알자스 지방처럼 상대적으로 북쪽에 위치한 포도 재배 지역에서 생산된 와인을 찾아보세요.

모젤-자르-루버(Mosel-Saar-Ruwer) 독일의 북쪽에 위치한 모젤은 독일에서 가장 훌륭한 와인 재배 지역 중 하나입니다. 매우 가파른 경사면에서 자라나는 모젤의 리슬링은 단맛이 약간 감도는, 아주 정교하고 오묘한 맛을 보여주는 훌륭한 와인입니다. 이번 시음회에 꼭 포함해서 이 포도가 얼마나 우아한지 경험해 봅시다.

프랑스 알자스(Alsace, France) 이곳에는 다른 포도들도 자라지만, 리슬링은 알자스의 포도라고 불릴 만큼 가장 명성이 높고 많이 기릅니다. 프랑스에서 샤르도네를 딱 하나 찾아야 하면 부르고뉴인지 확인하라고 했던 것, 기억하시나요? 알자스 와인은 훨씬 알아보기 쉬운데, 지역명이 아니라 포도 이름을 따서 이름을 짓는 유일한 지역이기 때문입니다. 와인이 리슬링 포도로 생산되었다면 병에 딱, 리슬링이라고 적혀 있는 거죠. 이게 훨씬 쉽죠? 알자스는 독일 바로 옆에 있지만(예전엔 독일의 일부이기도 했죠), 위의 모젤-자르-루버산 리슬링과는 완전히 다릅니다. 알자스의 리슬링은 놀라운 산미와 과일의 균형감, 강철 같은 미네랄 등의 특징으로 잘 알려져 있습니다. 사실 어린 와인은 어느 정도 닫힌 느낌이 나고, 잘 만든 알자스 리슬링은 숙성될수록 더 세련되어지기 때문에 보통은 3년 이상 된 와인으로 고릅니다. 만약 여러분이 어린 와인을 마시고 싶다면 가능한 가장 저렴한 와인으로 구매하세요. 보통 저렴한 와인들은 이 스타일 중 가장 가볍고 바로 마셔도 되는 경우가 많습니다.

목이 길고 가는 녹색 병은 알자스 리슬링, 특히 드라이한 와인이라는 표식입니다. 다른 지역에서 생산된 리슬링에도 마찬가지로 이런 스타일의 병을 사용합니다. 그래서 만약 여러분이 블라인드 테스트에서 가늘고 기다란 병을 본다면 리슬링 또는 알자스의 다른 와인, 그것도 아니면 게뷔르츠트라미너(Gewürztraminer) 같은 독일 와인이라고 눈치챌 수 있는 것입니다.

북부 오스트리아(Northern Austria) 알자스 때와 마찬가지로, 독일과 서로 이웃 나라이면서도 두 나라의 리슬링은 전혀 닮지 않았습니다. 오스트리아 리슬링은 독일 리슬링보다 바디감이 더 풍부하고 강렬하며, 과일 향이 더 잘 납니다. 종종 장미와 복숭아 향이 나 활기차고 생기가 넘친다고 묘사되기도 합니다. 다만 찾기 어려운 와인들이라, 아쉽지만 이번 달 와인 시음회에서는 제외해도 좋습니다.

미국 뉴욕, 핑거 레이크스(Finger Lakes, New York) 리슬링은 뉴욕주에서 재배되는 주요 포도이며, 드라이에서 오프 드라이, 아주 달콤한 늦수확 와인[1], 그리고 아이스 와인까지 다양하게 생산됩니다. 제가 생각하기에 미국 최고의 리슬링이 바로 이 지역에서 생산된 것들이고, 시음회에 포함하기에도 아주 좋습니다. 만약 여러분이 뉴욕으로 갈 일이 있거나 이미 이 도시에서 무더운 날씨를 느끼고 있다면 이 리슬링이 주말 여행을 아주 즐겁고 맛있게 만들어 줄 것입니다.

위의 지역들이 리슬링으로 가장 유명한 지역들이지만, 이 포도는 호주와 뉴질랜드, 남아프리카 외에 캐나다, 미국의 워싱턴주와 오리건주, 캘리포니아주에서도 재배 및 생산됩니다. 솔직히 말해서 와인의 질이 천차만별이기 때문에, 처음 마실 때 가장 안전한 방법은 위에 언급한 주요 지역의 리슬링 위주로 고르는 것입니다. 우선 가장 좋은 맛을 먼저 맛본 뒤, 그 다음에 나머지들을 마셔 보며 마음에 드는지를 살펴 보는 것이지요.

와인 용어

원산지 통제 명칭(Appellation d'Origine Contrôlée, A.O.C) 이번 달 와인의 라벨에서 볼 수 있는 용어입니다. 프랑스 정부가 원산지 지역에서 전통적인 공정을 사용하여 재배하고 생산한 와인에 대해 부여하는 공식적인 명칭으로, 다른 나라들도 비슷한 제도를 가지고 있습니다.

---

1 (역주) 늦수확(late harvest) 와인은 포도 알맹이가 나무에서 더 오래 익으며 수분이 증발하고 당도가 더욱 농축되고, 이로 인해 자연스럽게 높은 당도를 가지게 된 와인이다. 여기서는 그중에서도 유독 달콤한 와인이라고 볼 수 있다.

아우스레제, 베렌아우스레제, 아이스바인, 트로켄베렌아우스레제(Auslese, Beerenauslese, Eiswein, Trockenbeerenauslese[2]) 이 카테고리의 독일 와인은 단맛이 두드러지는데, 스펙트럼도 보통 단 것에서 아주 단 것까지 다양합니다.

할프트로켄/슈페트레제(Halbtrocken/Spätlese) 이 와인은 '약간 드라이하다/약간 달콤하다'라고 생각하면 쉽습니다. 할프트로켄은 독일어로 '반쯤 건조하다'라는 뜻이고 트로켄(Trocken) 와인보다는 약간 더 달콤합니다. 슈페트레제는 반쯤 드라이하거나 약간 달콤한 특정 범주의 와인을 말합니다.

리프라우밀히(Liebfraumilch) 이 스타일의 독일 화이트 와인은 단맛이 많이 납니다. 하지만 여러분이 선택한 와인이 일단 너무 달거나 지루하더라도, 시음해보면 왜 독일의 와인이 그렇게 부당한 평가를 받아왔는지 이해하게 될 것입니다.

레이시(racy) 화이트 와인의 산도에서 오는 기분 좋은 품질을 표현할 때 자주 사용되는 용어입니다.

트로켄, 클래식, 셀렉션, 카비넷(Trocken, Classic, Selection, Kabinett) 모두 '드라이하다'는 뜻입니다. 'Trocken'은 독일어로 '건조하다'는 뜻이고, 나머지 용어들도 독일 와인 라벨에서 볼 수 있는 다양한 등급 명칭으로, 일반적으로 덜 단 와인을 나타냅니다.

---

2 아이스바인을 제외한 세 가지는 독일 와인 등급 체계 프레디카츠바인(Qualitätswein mit Prädikat, QmP)로, 아우스레제(Auslese)가 독일어로 '선별' 또는 '엄선'이라는 뜻을 가진다. 귀부 영향을 받은 포도로 만들어 고급스럽고 값비싼 와인들이 많다. 특히 트로켄베렌아우스레제는 매해 생산하지 않고 특별한 해에만 생산한다. [참고: 와인 21 용어사전]

RIESLING

6월의 와인

저는 다양한 와인 재배 지역에서 생산되는 리슬링을 모두 맛보고는 하는데, 리슬링이 테루아의 특징을 잘 보여주는 와인이기 때문입니다. 우리는 알자스와 모젤-자르-루버 등 유명한 지역의 리슬링, 그리고 제가 가장 좋아하는 업스테이트 뉴욕의 핑거 레이크스, 그리고 캘리포니아의 와인을 맛볼 것입니다.

독일, 모젤-자르-루버 카비넷(Mosel-Saar-Ruwer Kabinett, Germany) ($14~20)

독일과 알자스 리슬링에서 등장하는 디젤 연료 향은 낯설지만 매혹적입니다. 카비넷, 할프트로켄, 슈페트레제는 모두 신대륙 와인 스타일과 차별화되는 흙내음 테루아를 보여줍니다.

독일, 모젤-자르-루버 할프트로켄 또는 슈페트레제(Mosel-Saar-Ruwer Halbtrocken or Spätlese, Germany) ($10~18)

달콤한 이 와인들은 향부터 그 매력이 느껴지고, 점성 있는 질감은 카비넷이나 알자스 와인처럼 절제된 드라이 스타일이 아니라는 것을 바로 알게 해줍니다.

프랑스, 알자스(Alsace, France) ($15~25)

대부분은 건조하고 산성이 강하지만 이 와인들은 최고로 건조한(Bone Dry-Extra Burt) 것부터 달콤한 것까지 다양합니다. 자몽, 사과, 그리고 미네랄의 향이 여러분의 코를 가득 채울 것입니다.

미국, 업스테이트 뉴욕 핑거 레이크스 지역(Finger Lakes Region, Upstate New York) ($15~25)

맛보지 않아도 이 와인이 리슬링이라는 것을 알 수 있는 명백한 증거 중 하나는 바로 스크류 캡입니다. 그 외에도 이 신대륙 와인들은 키위, 바나나, 패션 프루츠 등 더 강한 열대 과일의 향을 가지고 있습니다.

미국, 캘리포니아주 또는 워싱턴주(California or Washington State)
($15~25)

이 신대륙 리슬링에서는 신선한 복숭아, 살구, 감귤류의 향이 납니다. 알자스 스타일처럼 날카롭지 않고, 복숭아와 살구의 풍부한 바디감과 부드러운 과일 풍미가 인상적입니다.

스파이: 알자스, 게뷔르츠트라미너(Gewürztraminer from Alsace)
($15~25)

시원한 기후에서 잘 자라는 품종으로 만든 또 하나의 향기로운 와인입니다. 게뷔르츠트라미너로 특히 유명한 알자스산 와인 중 하나를 선택해 보세요. 이 와인에는 생강, 올스파이스, 육두구와 같은 향신료가 더 많이 느껴지는데, 여러분이 맛볼 리슬링과는 확실히 다릅니다.

냄새는 주관적일 수 있다

와인 클럽 6개월 차에 접어 들었습니다. 그럼 향 맞추기 게임 진도는 어떤가요? 구아바와 모과 냄새를 맡고 있나요? 좋아요. 아닐 수도 있어요. 시트러스, 꽃, 베리처럼 좀 더 일반적인 노트는 어떠세요? 아니면 그냥, 말 그대로 '그냥' 와인 냄새가 날 수도 있겠죠.

와인 클럽을 진행하다 보면 어떤 사람들은 특정한 향을 정말로 감지하는 매우 민감한 코를 가지고 있고 다른 사람들은 그렇지 않다는 것을 발견하게 됩니다. 여러분이 어떤 쪽이든 간에, 낙담하지 마세요. 와인 잔에서 어떤 향이 나는지 잘 말할 수 있게 되려면 정말 많이 마셔 보고 맡아 봐야 합니다. 여러분은 와인에서 페퍼로니 피자 냄새가 난다고 생각하는데, 다른 사람들은 염장 고기 냄새가 난다고 말할 수도 있습니다. 모두가 같은 냄새를 맡지 못하더라도 전혀 이상한 일이 아니라는 것을 기억하길 바랍니다.

와인의 냄새를 맡는다는 것은 내가 이미 알고 있는 향을 머릿속에 그리는 것과 같습니다. 만약 파파야와 감의 냄새를 맡는 것에 약간의 어려움이 있다면 우선 내가 알고 있는 것들로 표현해 보는 거죠. 예를 들어 리슬링을 시음할 때, 코로 냄새를 맡는 순간 봄비가 내린 할머니의 뒷마당에 나갔을 때의 느낌을 받을 것입니다. 때로는 여러분이 어렸을 때 물가를 걸으며 맡던 젖은 돌, 흙 내음과 뒤섞인 공기 중의 달콤한 냄새와도 비슷하죠. 와인 클럽의 다른 멤버는 배와 장미 그리고 미네랄의 향이 난다고 할 수도 있습니다. 여러분에게는 사과 꽃과 젖은 돌 냄새가 나는 와인이, 다른 사람에게는 배와 장미, 축축한 흙 냄새로 느껴질 수 있는 것입니다.

여러분이 알아야 할 것은, 어떤 쪽이든 맞다는 것입니다. 만약 다른 누군가가 와인에서 녹슨 망치와 살구 파이 냄새가 난다고 말하는데 여러분에게는 전혀 나지 않더라도, 그냥 인정하고 여러분 나름대로 계속 냄새를 맡으면 됩니다.

6 RIESLING

JUNE

와인을 즐길 시간

이번 달은 향에 대해 이야기하기 좋은 달입니다. 매혹적인 꽃과 과일 향이 있는 이 화이트 와인은 분명히 여러분의 코에 장난을 칠 것이지만 몇 모금 마시고 나면 여러분은 그 과일이나 꽃향기가 달콤하다는 말과 동의어가 아니라는 사실을 알게 될 것입니다. 이제 우리는 독일 와인을 마시기 시작하면서, 주유소를 생각나게 하는 새로운 얼얼한 향을 발견할 수 있습니다. 맞습니다. 디젤과 휘발유, 이 두 개가 여러분이 이번 달에 시음회에서 발견하게 될 단어입니다.

온도와 시간

리슬링과 샤르도네는 정확한 맛을 내기 위한 온도가 비슷합니다. 의심스럽다면 그 와인들을 식혔다가 마셔 보세요. 와인 잔에 따르기 전 최소한 15분 전에 와인 병을 냉장고에서 미리 꺼내 두면 와인의 상태가 훨씬 좋아집니다.

색상 리슬링은 초록빛 도는 옅은 노란색부터 약간 더 황금빛이 도는 것까지 다양합니다. 캘리포니아산 리슬링은 독일의 매우 창백한 와인과 비교하면 더 황금빛처럼 보이기는 하지만 실제로 두 와인의 색은 꽤 비슷하고, 때로는 아예 구분하기 어렵기까지 합니다.

향 리슬링은 흔히 향에서도 상쾌하고 바삭하다는 평가를 받지만, 꽃향기와 잘 익은 과일 향도 자주 납니다. 독일산 와인에서는 종종 디젤 연료 향이 느껴지곤 하며, 알자스산 리슬링에서도 그 향이 은은하게 배어 있는 경우가 있습니다. 이는 해당 지역의 테루아를 잘 드러내는 흙내음 같은 특성입니다. 알자스와 독일 리슬링에서는 특히 자몽을 중심으로 한 시트러스 향과 사과, 미네랄 향, 그리고 날카롭고 깔끔한 향이 나타납니다. 이 지역의 리슬링에서는 오크 통의 흔적을 찾아볼 수 없고, 개인적으로는 리슬링이 아주 섬세한 만큼 이번 시음회 라인 전체에서 오크 향을 만날 수 없기를 바랍니다.

캘리포니아, 알자스, 뉴욕 스타일에서는 복숭아, 살구, 시트러스 향이 두드러질 수 있으며 독일의 슈페트레제나 할프트로켄 스타일은 향을 맡는 순간 당도의 존재감이 느껴질 것입니다.

맛 리슬링은 좋은 산미를 가져야 하고, 징기(zingy)하다거나, 레이시(racy)하다 등의 단어로 표현합니다. 비록 냄새는 달콤할지 모르지만, 균형이 잘 맞춰진 와인이라면 여전히 톡 쏘는 맛이거나 타트(tart, 설익은 과일이나 산이 과도한 과일로부터 생산된 시큼한 느낌)한 맛이어야 합니다. 알자스 와인은 아주 건조한 것부터 달콤한 것까지 다양하지만 대부분은 건조하고 산성이 높습니다. 뉴욕 리슬링은 캘리포니아산에서 찾을 수 없는 스모키한 미네랄리티와 함께 신선하고 유혹적인 과일 맛이 나고, 캘리포니아산 리슬링에서는 알자스산의 톡 쏘는 듯한 느낌 없이 복숭아나 살구와 같은 과일 맛을 강하게 느낄 수 있습니다. 독일의 카비넷은 더 가볍고 섬세한 바삭바삭한 사과 맛이 나고, 독일과 알자스 리슬링 모두 시트러스, 특히 레몬 맛이 날 수도 있습니다. 여러분은 더 소박한 리슬링과 더 달콤한 독일식 슈페트레제 또는 할프트로켄을 즉시 구별할 수 있어야 합니다.

바디감 알코올 도수가 높을수록 바디감도 더 강해진다는 점을 기억하세요. 뉴욕산 리슬링은 독일산보다 알코올 도수가 확실히 더 높기 때문에 바디감이 더 풍부합니다. 알자스산 리슬링은 라이트 바디에서 미디엄 바디까지 다양하며, 달콤한 스타일일수록 바디감이 더 무겁고 입안에서의 질감도 더 풍부합니다. 독일 카비넷 와인은 일반적으로 알자스산보다 알코올 도수가 낮기 때문에, 이번 시음에서 맛보게 될 독일산 카비넷은 가장 라이트한 바디감의 와인이 될 것입니다.

피니시 일부 리슬링은 강력한 탄산으로 마무리되고, 더 부드럽게 익은 과일 향이 오래 남기도 합니다. 군침이 돌 정도로 산미가 강합니다.

리슬링

6월의 요리

Riesling

맛있는 요리를 먹자

섬세한 리슬링 와인은 음식을 결코 압도하지 않고, 대신 음식을 돋보이게 하는 훌륭한 보조자 역할을 합니다. 이번 달의 와인 클럽 모임에서는 새콤달콤한 디핑 소스, 민트의 섬세한 풍미 등 다양한 음식과 잘 어울리는 리슬링의 가벼운 단맛을 사랑하시게 될 겁니다. 그리고 리슬링은 절대 여름에만 마시는 와인이 아닙니다! 칠면조와도 잘 어울리니 추워지기 시작하는 추수감사절에도 마셔도 좋답니다.

상큼한 민트를 곁들인 참깨 메밀국수	148
칠리 라임 디핑 소스를 곁들인 새우 칵테일	149
훈제 천일염 에다마메	150
진저 라임 판나코타	152

RIESLING

사이드 디시나 메인 요리 어느 쪽으로도 괜찮은 요리로, 저희 가족들이 제일 좋아하는 면 요리입니다. 포크로 돌려서 집어 들면 화려해 보이지만 실제로는 간편하게 만들 수 있는 레시피입니다.

상큼한 민트를 곁들인 함께 메밀국수

면은 포장지에 쓰인 설명서에 따라 조리합니다. 체에 밭쳐 찬물로 헹굽니다.

큰 믹싱볼에 땅콩버터, 라이스 와인 비네거, 간장, 참기름, 라임즙, 물 2큰술, 꿀, 스리라차를 모두 섞습니다. 물기를 제거한 메밀면을 넣고 잘 양념이 잘 밸 때까지 비빕니다.

일회용 포크와 큰 숟가락을 사용하여 메밀면을 각 포크에 한입 크기로 돌돌 말아 큰 접시나 작은 개별 접시 위에 빙 둘러 놓습니다. 가니시로 민트와 깨를 뿌립니다.

미리 만들어 냉장고에 보관해 두어도 되고, 몇 시간 정도는 실온에 두어도 괜찮습니다.

24개 분량

메밀국수 1봉지(270g)

천연 땅콩버터 195g(¾ 컵)

라이스 와인 비네거 3큰술

간장 3큰술

참기름 2큰술

신선한 라임즙 2큰술

꿀 1큰술

스리라차 소스 1큰술

잘게 다진 민트 10g(¼ 컵), 가니시용

참깨, 가니시용

칵테일 소스를 곁들인
새우 칵테일은 믿음직한 조합이죠.
이번 달엔 칠리 라임 딥소스로
평범한 새우 요리를
한 단계 업그레이드해 보세요.

칠리 라임 디핑 소스를 곁들인 새우 칵테일

8인분

설탕 100g(½컵)

라임즙 60ml(¼컵)

라이스 와인 비네거 60ml(¼컵)

피쉬소스 3큰술

다진 생강 2큰술

피망 플레이크 1큰술

다진 마늘, 4쪽 분량

타이 칠리, 2~4개
꼭지 떼고 얇게 잘라 준비

옥수수 전분 4작은술

새우 910g, 껍질을 벗기고 내장을 제거해 익히고, 꼬리가 달린 채로 식혀서 준비(Note 참고)

Note: 익힌 새우 중 가장 큰 것으로 구입하세요. 대하 새우는 보통 1kg에 16~24미 가량인데, 철마다 다를 수 있습니다. 한 사람당 두세 마리 먹을 정도로 준비하세요.

작은 소스 팬에 설탕, 라임즙, 식초, 피시 소스, 생강, 피망 플레이크, 마늘과 칠리를 넣고 섞습니다. 중불에서 모든 재료들이 섞이도록 잘 저으면서 설탕이 완전히 녹을 때까지 끓입니다.

작은 그릇에 물 2큰술과 옥수수 전분을 섞어 전분물을 만듭니다. 앞의 소스 팬에 전분물을 넣고 2분 더 끓인 다음, 불을 끄고 소스를 식힙니다.

차갑게 식힌 새우를 접시에 빙 두르고 소스가 담긴 작은 그릇을 가운데에 놓습니다. 또는 작은 쿠페잔에 소스를 조금씩 담은 뒤, 새우를 하나씩 걸어서 내도 좋습니다.

훈제 천일염 에다마메

아주 간단한 간식입니다. 재미있는 맛의 소금과 함께 내면 와인 클럽 멤버들은 모두 이 에다마메를 계속해서 먹고 있게 될 거예요.

10~12인분

냉동 에다마메 1봉지 (340~455g)

훈제 천일염 1~2큰술 (Note 참고)

Note: 훈제 천일염이 없다면 코셔 소금이나 천일염 1큰술과 훈제 파프리카 가루 ¼작은술을 섞어 만들 수 있습니다.

포장지의 설명에 따라 에다마메를 조리합니다. 저의 경우 전자레인지에 물 60ml(¼컵)을 함께 넣고 뚜껑을 덮은 채 4분 돌립니다.

에다마메에 훈제 천일염을 뿌려 골고루 잘 섞으면 완성입니다.

판나코타, 크림 브륄레, 포트 드 크렘, 무스, 잉글리시 포셋 등은 모두 제가 사랑하는 것들입니다. 이 풍부하고 부드럽고 크리미한 디저트를 음미하는 것은 항상 나를 위한 선물처럼 느껴집니다.
이 레시피는 키라임 파이처럼 대담하고, 생강 맛이 더 많이 납니다.

진저 라임 판나코타

판나코타 12개 분량

젤라틴 2봉(60g)

생크림 960ml(4컵) + 서빙용 생크림 120ml(½컵), 차갑게 준비

설탕 200g(1컵)

생강 페이스트 2큰술(Note 참고)

체에 거른 라임즙 160ml(⅔컵)

슈가 파우더 1큰술

라임 제스트, 가니시용

Note: 생강 페이스트[3]는 튜브 또는 항아리에 담긴 형태로, 지역 시장의 냉장 농산물 코너에서 찾을 수 있습니다.

작은 그릇에 물 3큰술과 젤라틴을 넣고 불립니다.

작은 소스 팬에 생크림, 설탕, 생강 페이스트를 넣고 중약불에서 설탕이 녹을 때까지 저으며 끓입니다. 불을 끄고 불려 둔 젤라틴과 라임즙을 넣고 젤라틴이 녹을 때까지 잘 저어가며 섞습니다.

혼합물을 12개의 작은 라미킨 또는 작은 디저트용 컵에 고르게 담고 냉장고에서 대략 2~3시간 완전히 식힙니다.

중간 크기 볼에 남은 생크림과 슈가 파우더를 넣고 거품기나 핸드 믹서로 중간 속도로 저어 단단한 생크림을 만듭니다. 완성된 판나코타 위에 생크림을 한 스푼 올리고, 그 위에 라임 제스트를 얹어 완성합니다.

---

3 (역주) 강판에 생강을 곱게 갈아 만드는데, 만약 강판이 없다면 곱게 빻아서 만든다.

7월

로제

Rosé

JULY
7

루프탑 파티, 보트 여행, 해변의 뒷마당 등 로제는 다양한 곳에 어울립니다. 이 예쁜 음료는 캐주얼한 모임부터 화려한 파티까지 어디든 잘 녹아들죠. 날씨가 따뜻해지면 물 대신 로제를 마실 수도 있습니다.

7월은 와인 클럽과 함께 여름을 즐기기에 완벽한 달입니다. 화이트 진판델이나 블러쉬 와인[1]에 대해 말하지는 않을 겁니다. 비슷해 보여도 이 와인들은 아주 다르거든요. 이번 7월은 이 분홍색 와인을 마실 준비를 해 봅시다.

로제 알아가기

이번 달에 우리는 가장 오해 받는 스타일 중 하나인 로제를 알아볼 것입니다. 비록 로제 와인의 색이 '분홍색'이긴 하지만 분홍색 포도로 만들어지는 건 아닙니다. 페탈 데 로즈(Pétale de Rose)라는 이름으로 사랑받는 로제의 연한 분홍빛은 적포도로 만들어집니다. 와인 제조 업자들은 로제를 만들기 위해 각종 레드 와인용 품종을 사용하는데, 여러 방법이 있습니다.

단기 침용(Short Maceration) 와인 생산자는 2시간에서 24시간 사이의 짧은 시간 동안만 적포도의 껍질을 포도의 즙에 접촉해 색깔, 풍미, 타닌을 부여합니다. 레드 와인을 만들 때는 보통 일주일에서 한 달간 접촉시키니 상대적으로 짧은 시간이지요. 껍질이 즙에 색을 부여하는 것이기 때문에 짧게 접촉할수록 색소는 더 밝아지고 결국 다양한 색조의 분홍색 와인을 만들어냅니다. 프로방스에서 나오는 대부분의 발레 슈즈와 닮은 로제는 이 방법으로 만들어집니다.

세니에(Saignée) 이 방법은 '피를 흘리다'라는 뜻의 프랑스어에서 온 것으로, 침용 초반 몇 시간 내에 '피를 짜내듯' 포도즙을 짜내는 것을 포함합니다. 그리고 나서 스테인레스 탱크 중 하나로 옮겨져 로제로 변신하죠. 스페인 최고의 로제 와인과 샤토 미라발(Château Miraval)과 크리스탈(Cristal)과 같은 고급 로제 샴페인을 만드는 데 사용됩니다.

블렌딩 화이트에 약간의 레드 와인을 추가하는 것을 블렌딩이라고 하며, 여러분이 가장 좋아하는 탄산 있는 로제가 만들어지는 방식일 가능성이 큽니다. 이 방법은 탄산이 없는 스틸 로제에는 거의 사용되지 않습니다.

화이트 와인 진판델은 아무 죄가 없다

많은 사람들이 '분홍색 와인'하면 가장 먼저 화이트 진판델을 떠올립니다. 이 연상 작용 때문에 로제는 모두 달콤하다는 편견이 생겼고, 6월의 리슬링처럼 인기를 끌지 못했죠.

하지만 실제로는 화이트 진판델(일명 블러쉬 와인)과 달리 로제는 설탕이 적게 들어가도록 설계되었습니다.

---

1 적포도로 만든 분홍빛 또는 연어 색의 로제 와인으로 달콤한 와인과 드라이한 와인까지 다양하다. [출처: 와인 21 봉어사전]

7

ROSÉ

대부분의 와인을 마시는 사람들은 아마도 일생에 한 번쯤은 악명 높은 분홍색 진판델 와인을 마셔본 적이 있을 것입니다. 이 와인을 좋아할 수도 싫어할 수도 있지만, 사실 화이트 진판델 포도라는 것은 없습니다.

화이트 진판델 와인은 서터 홈 와이너리(Sutter Home Winery)의 밥 트린체로(Bob Trinchero)가 30여 년 전에 발명한 것입니다. 그는 진판델 포도(레드 와인 용)의 압착된 즙을 보통 레드 와인을 만들 때보다 훨씬 짧은 시간 동안 포도 껍질에 접촉시켜 보았습니다.

자, 이 작은 실험(또는 사람에 따라 실수)은 폭발적인 베스트 셀러가 되었습니다. 이 연분홍색 달콤한 와인은 샤르도네가 새로운 왕에 등극할 때까지 잠시 동안 미국 내 판매 1위를 차지하기까지 했습니다.

인기의 이유는 무엇이었을까요? 화이트 진판델은 단순하고 달콤합니다. 딸기, 라즈베리, 심지어 크림 향이 나고 미국인들은 달콤한 것을 좋아하죠. 와인을 마시는 것에 익숙하지 않은 사람들이 시작하기 좋은 와인입니다.

고급 보르도 와인은 아니지만, 여러분이 화이트 진판델을 맛있다고 생각한다면 마시지 않을 이유는 없습니다. 과일 풍미가 물씬 나서 쉽게 마실 수 있는 여름 음료로 삼기 딱이죠.

이 와인은 어릴 때, 차갑게 해서 마시는 것이 좋습니다. 화이트 와인처럼 냉장고에 보관하고 마시기 10~15분 전에 미리 꺼냅니다. 또한 얼음과 잘 어울리기 때문에 여러분이 아주 차가운 것을 좋아한다면 얼음 조각 몇 개를 넣어 즐겨도 좋습니다.

로제는 로제인가요?

프랑스는 프로방스 지방[2]에서 가장 유명한 로제 와인의 본고장입니다. 하지만 이 분홍색 와인은 론 지역의 약간 북쪽에 있는 타벨(Tavel)에서 온 유명한 로제부터 남부 랑그독 지역의 가장 가성비 좋은 로제까지 프랑스 전국에서 생산됩니다.

스페인 산 로제는 로사도(Rosado), 이탈리아산은 로사토(Rosato)라고 불립니

---

2 (편집자 주) 보통 프랑스를 떠올리기는 하나 프랑스 남동부와 이탈리아 북서부 지방을 아우르는 명칭이다.

다. 미국은 캘리포니아에서 뉴욕, 버지니아에 이르기까지 모든 지역에서 로제 와인을 생산합니다. 이 와인들의 고향이 다양한 만큼 전 세계의 로제 스타일도 엄격한 스타일부터 오프 드라이 스타일, 심지어 스파클링까지 아주 다양합니다.

와인의 스타일을 결정하는 것은 무엇일까요? 모든 와인과 마찬가지로 와인 생산자가 와인의 맛에 큰 영향을 미칩니다. 이 분홍빛 와인에 사용되는 포도는 그르나슈(Grenache), 카베르네 소비뇽, 시라, 산지오베제(Sangiovese), 템프라니요(Tempranillo), 피노 누아, 진판델 등입니다. 와인 클럽에서 이 품종들로 만든 레드 와인을 상당수 맛보았을 테니, 그 차이를 떠올려 보세요. 같은 포도로 만든 로제 와인들도 마찬가지로 각기 다른 개성을 지니고 있다는 걸 쉽게 짐작할 수 있겠지요.

스타일을 결정하는 또 하나의 요소는 테루아입니다. 포도는 재배된 기후의 특성을 보여줍니다. 프랑스 루아르 밸리나 미국의 오리건주 등 시원한 기후에서 자란 포도로 만든 로제는 산성과 미네랄리티가 강하고 톡 쏘는 과일 맛이 강한 반면, 스페인이나 호주 등 따뜻한 기후의 포도로 만든 로제는 더 잘 익은 과일 맛이 나지요.

자라난 지역이나 날씨에 상관없이 병에 담긴 와인의 색은 여러분이 마시면서 경험할 것에 대한 훌륭한 단서가 될 것입니다. 프로방스 와인의 스타일은 가장 연한 분홍색이라 할 수 있습니다. 이 로제는 일반적으로 과일 맛이지만 꾸밈이 없고 너무 달지 않습니다(드라이한 느낌). 이름과 달리 이 스타일의 분홍 와인은 반드시 프로방스에서 유래할 필요는 없으며, 프랑스 남동부 외곽 지역에서 점점 더 많이 생산되고 있습니다.

포도의 즙이 진하고 붉을수록 더 진하고 무거운 맛이 납니다. 리오하 지역의 스페인 로사도스(Rosados)는 루비레드 등 훨씬 더 깊은 색상이 나고 더욱 풍성한 과일 맛을 제공합니다. 이번 달에는 더 진한 색상의 로제를 반드시 포함해서 껍질 접촉 시간에 따른 차이를 확인하시길 바랍니다.

로제는 아주 다양한 맛을 내기도 합니다! 프랑스 론 밸리의 한 지역인 타벨은 다양한 품질의 로제 와인을 생산하고 있는데, 이 와인의 붉은 과일의 향과 맛은 우리가 보통 생각하는 단맛이지만, 때로는 짠맛이 날 수도 있습니다.

와인 용어

브뤼(brut) 탄산이 많은 와인 라벨에서 흔히 볼 수 있는 용어로 드라이하다는 뜻입니다.

프로즈(frosé) 로제 와인 기반 칵테일로, 슬러시같은 질감이라 빨대로 마십니다.

그르나슈(Grenache) 스페인에서는 가르나차(Garnacha)로 알려진 붉은 포도의 프랑스식 이름입니다. 둘 다 로제 와인을 생산하는 데 사용됩니다. 또한 유명한 레드 와인 블렌딩인 샤토뇌프 뒤 파프(Châteauneuf-du-Pape)를 이루는 13개의 포도[3] 품종 중 하나입니다.

그리 드 그리(gris de gris) '회색의 회색'이라는 뜻으로, 생소(Cinsault), 가메(Gamay), 그르나슈와 같은 옅은 분홍색 와인을 설명하는 데 사용됩니다.

페이 독(Pays D'oc) 로제 와인의 라벨에서 이 단어를 볼 수 있을 것입니다. 기본적으로 이곳은 프랑스 남부의 랑그독 지역과 같은 와인 재배 지역입니다.

라마토(ramato) 이탈리아어로 '적갈색' 또는 '주황색'을 의미합니다. 화이트에서 분홍색의 껍질을 가진 포도(흔히 색이 변하기 시작할 때까지 덩굴에 더 오래 매달려 있게 두는 피노 그리지오 포도)로 만든 오렌지/로제 와인의 스타일입니다.

뱅그리(Vin Gris) 적포도로 만든 연한 분홍색 와인을 말합니다. 페이 독과 함께 와인 라벨에서 볼 수 있는 또 다른 용어로, 로제라는 뜻입니다.

---

[3] 그르나슈, 시라(Syrah), 무르베드르(Mourvedre), 생소(Cinsault), 클레렛(Clairette), 부블랑(Bourboulenc), 루산느(Roussanne), 쿠누아즈(Counoise), 무스카르딘(Muscardin), 바카레스(Vaccarese), 픽풀(Picpoul), 피카르당(Picardan), 테레 누아(Terret Noir)

7월의 와인

 이번 달 와인 클럽에서는 스파클링 로제를 포함한 인기 있는 모든 분홍색 와인을 맛볼 수 있습니다. 마시면서 여러분이 프로방스의 드라이한 로제 와인을 선호하는지, 아니면 과일 향이 더 나고 풍부한 스타일을 선호하는지 확인해 보세요. 어떤 와인을 선호하든 이 예쁜 분홍색 와인은 더운 여름 날은 물론, 가볍고 활기찬 아페리티프로 마시기에 완벽합니다.

미국, 캘리포니아, 스파클링 로제(Sparkling Rosé, California, USA)
($20~25)

드라이한 스파클링 로제 와인을 골라내야 하므로, 라벨에 '브뤼(brut)'나 '드라이(dry)'라고 쓰인 것을 찾아 보세요. 다른 스파클링 와인과 마찬가지로 샴파뉴(Champagne)의 로제는 캘리포니아, 이탈리아, 또는 스페인의 스파클링 로제보다 더 비쌉니다.

프랑스, 프로방스 로제(Rosé, Provence, France)
($20~25)

이 지역의 유명한 백악질(Chalky), 석회암 및 편암 토양은 미네랄이 있는 로제 와인을 만듭니다. 이번 시음회 와인 중에서 가장 옅은 분홍빛을 띠고, 미네랄리티와 과일 풍미가 균형 있게 나타나는 와인입니다.

프랑스, 타벨(Tavel, France)
($20~25)

이 로제 와인은 모든 면에서 프로방스에서 온 와인보다 더 묵직한 느낌입니다. 아주 진한 분홍색에서 루비색을 띠고, 알코올 도수도 더 높습니다. 자연스럽게 더 풍부하고 더 진하고 복잡한 맛이 나며 아주 맛있는 감칠맛이 느껴지는 와인입니다. 이번 달에 맛볼 로제 와인 중 레드 와인과 가장 비슷합니다.

이탈리아, 로사토(Rosato, Italy)　　　　　　　　　　($15~20)

이달의 시음회에서는 아부르초(Abruzzo), 풀리아(Puglia), 시칠리아(Sicily), 토스카나(Tuscany), 베네토(Veneto) 등의 지역에서 온 비노 로사토(Vino Rosato, 이탈리아어로 '분홍 와인'이라는 뜻)가 적합할 것입니다. 이탈리아 로제는 우리가 이야기했던 로제의 다양한 특성을 잘 전달합니다.

스페인, 로사도(Rosado, Spain)　　　　　　　　　　($10~20)

스페인산 로제 와인을 찾기는 그리 쉽지 않지만, 그래도 발견하게 된다면 이번 달 시음회에 꼭 포함해서 맛보길 바랍니다.

신대륙 로제(New World Rosé)　　　　　　　　　　($15~20)

미국 캘리포니아, 오리건주, 뉴욕, 호주, 칠레 등 기본적으로 유럽 이외의 지역에서 생산한 로제 한 병이면 이번 달 와인 시음회를 잘 마무리할 수 있을 것입니다. 이 와인이 프로방스 스타일을 모방했을지는 맛을 봐야만 알 수 있습니다.

스파이: 미국, 캘리포니아, 화이트 진판델(White Zinfandel from California, USA)　　　　　　　　　　　　　　　　　($10~15)

이 화이트 진판델은 여러분의 잔에 있는 로제 와인과 비슷해 보이겠지만 달콤한 와인 한 모금을 마신 순간 로제 와인이 아니라는 것을 확실히 알 수 있을 것입니다.

아이스 버킷 완전 정복

웨이터로 일하다 보면, 꽤 많은 일들을 알게 됩니다. 손님들이 식사 하기 전후 서버가 준비해야 하는 일들 말입니다. 제가 레스토랑에서 수 년간 일을 하며 얻은 가장 귀중한 배움은 냅킨 예쁘게 접기가 아니라 와인을 차갑게 하기 위해 통에 얼음을 채우는 방법이었습니다.

단순히 아이스 버킷에 얼음만 담는 일이 아닙니다. 얼음과 찬물을 2:1로 비율을 맞춰 담아야 하는데, 이렇게 하면 얼음만 사용하는 것보다 와인이 훨씬 빨리 차가워집니다. 실제로 냉장고에 와인을 넣어두면 시원하게 되기까지 적어도 2시간이 걸리는데, 아이스 버킷에 담은 와인은 적절한 서빙 온도, 즉 실온에 맞춰 식히는 데 약 25분이면 충분합니다.

또 아이스 버킷에 물과 얼음을 섞어 채워 두면 힘을 쓰지 않아도 와인 병을 쉽게 넣고 꺼낼 수 있습니다. 또 위에 깨끗한 천이나 냅킨을 덮어두면 아이스 버킷에서 병을 꺼낼 때 떨어지는 물도 쉽게 닦을 수 있습니다.

아이스 칵테일이나 음료를 제공할 때는 빈 잔을 얼음통에 직접 넣어 얼음을 채우는 것이 아니라, 반드시 얼음 집게를 사용합니다. 통에 직접 넣으면 유리잔이 얼음에 닿으면서 깨져 다음 사람의 잔에 들어갈 위험이 있습니다.

와인을 즐길 시간

드디어 여름의 생명수를 맛볼 시간입니다. 와인 병이 모두 충분히 차가운지, 그리고 블라인드 테스트를 위해 종이 포일로 잘 가려졌는지 확인합니다. 천천히 음미하며 마음에 드는 분홍 와인을 찾길 바랍니다! 행복한 시간 되세요.

온도와 시간

우리는 분홍색 와인이 레드도 화이트도 아니면서, 동시에 조금은 레드도 되고 조금은 화이트도 되는 사실에 대해 이야기했습니다. 그렇다면 여러분은 어떤 잔을 사용해야 할까요? 로제 와인은 다용도 와인 잔이나 화이트 와인 잔에 담아 마시면 되는데, 레드 와인처럼 에어링을 위한 큰 볼이 필요하지는 않지만 중요한 것은 와인 잔에 스템(손잡이)이 있어야 한다는 점입니다. 스템이 없는 와인 잔은 쏟는 것을 방지하는 데는 좋지만, 체온으로 와인 잔이 너무 빠르게 데워질 수 있습니다.

몇몇 로제의 붉은 색깔에 속지 마세요! 이 분홍색 와인은 시원하게 즐겨야 합니다. 화이트 와인과 마찬가지로 냉장 보관했다 서빙하기 10~15분 전에 꺼내 놓습니다. 7월이기 때문에 특히 야외에서 시음회를 하는 경우에는 아이스 버킷(얼음과 물 2:1, 162페이지 참조)을 준비합니다.

색상 모든 로제가 다 분홍색인 건 아닙니다. 이 와인은 반투명한 것에서부터 노르스름한 것, 복숭아색, 오렌지색, 그리고 캔털루프(하미과 멜론) 색까지 다양합니다. 어떤 것들은 핑크 자몽의 과육이나 껍질, 장미 꽃잎의 많은 음영, 연한 색의 발레 슈즈 그리고 구리, 과일 펀치, 루비, 그리고 연어의 색깔처럼 깊은 색감의 톤을 보일 수 있습니다.

향 로제는 향을 맡기에 아주 재미있는 와인입니다. 달콤하고 과일 향이 나고 수박, 딸기, 라즈베리, 자두, 복숭아, 멜론, 허니듀, 그리고 감귤류의 향이 납니다. 또한 짠 냄새, 아몬드 등의 견과류, 그리고 꽃향기도 납니다.

맛 한 모금 마시면 체리, 베리 류 등의 신선한 붉은 과일 맛, 레몬 등의 상큼한 시트러스 맛과 오렌지 제스트 같은 쌉쌀한 시트러스 맛을 모두 느낄 수 있습니다. 단맛과 해변, 미네랄, 염분 같은 풍미 있는 요소에 대한 힌트도 얻을 수 있습니다. 이번 달의 와인은 맛있는 건 물론이고 반드시 신선해야 합니다. 끓은 와인이거나 숙성된 맛이 없어야 한다는 의미입니다.

바디감 이번 달의 라인업은 라이트 바디부터 미디엄 바디까지 다양합니다. 껍질이 과즙과 오래 접촉하지 않기 때문에 타닌은 많지 않지만, 적포도로 만들어졌기 때문에 대부분의 화이트 와인보다 바디감은 더 무겁습니다.

피니시 탄산이 가득한 로제부터 가장 어둡고 진한 바디감의 로제까지, 짧거나 미디엄까지 다양합니다.

로제

7월의 요리

Rosé

맛있는 요리를 먹자

로제는 레드와 화이트 와인 사이에 있는 와인으로, 다양한 음식과 잘 어울립니다. 7월의 무더위에 여러분이 뜨거운 부엌에서 오랜 시간을 보내지 않도록 구성하였습니다. 이번 달에는 정원에서 갓 따온 듯한 아주 군침 도는 신선한 토마토와 무, 그리고 잘 익은 베리로 만든 한입거리들을 먹을 텐데, 이달의 와인과 아주 잘 어울립니다.

정원에서 갓 따온 토마토와 바질 딥 그릴 브레드	168
햄과 파마산 치즈 치아바타 샌드위치	169
허브 버터와 소금을 곁들인 프렌치 레디쉬	170
샹크림 블루베리 레몬 핸드파이	171

방울토마토 덩굴에 열매가 가득 열리면 혼자서 다 먹기에 벅찰 때가 있습니다. 이 딥(dip)은 매우 간단하며 요리가 전혀 필요하지 않습니다. 믹서기에 모든 재료를 넣고 간 다음, 빵을 찍어 먹기만 하면 됩니다.

정원에서 갓 따온 토마토와 바질 딥 그릴 브레드

10~12개 조각 분량

노란색 또는 빨간색 방울토마토 340g

통아몬드 또는 잣 45g(⅓컵), 살짝 구워서 준비

마늘 3개, 껍질 까고 으깬 것

엑스트라 버진 올리브 오일 120ml (½컵)

파르미지아노 레지아노 치즈 가루 50g(½컵)

신선한 바질 잎 4g(⅓컵)

코셔 소금

레드 페퍼 플레이크

시골풍 투박한 러스틱 빵 1개, 슬라이스하고 굽거나 토스트한 것.

푸드 프로세서 또는 믹서에 토마토, 아몬드 또는 잣과, 마늘을 넣고 짧게 여러 번 작동해 재료들을 갑니다. 중간 중간 올리브 오일을 뿌려 섞습니다. 치즈와 바질을 넣고 다시 여러 번 짧게 작동하는데, 바질의 초록색이 남아 있을 정도로만 갈아주세요.

소금과 레드 페퍼 플레이크로 간을 맞추고 러스틱 빵과 서빙합니다.

작은 샌드위치 여러 개를
만드는 대신 큰 샌드위치 한 개를
만들면 시간을 절약할 수 있습니다.
배고픈 손님들을 위한 인상적인
요리이자 배를 요긴하게 채우는
간식이 됩니다.
맛있는 샌드위치를 만드는
비결 중 하나는 질 좋은 재료를
사용하는 것입니다.

햄과 파마산 치즈 치아바타 샌드위치

10~12개 조각 분량

무염 버터 55g(4큰술),
미리 꺼내 둔 것

치아바타 빵 1덩이,
세로로 잘라서 준비

얇게 썬 최상품의 슬라이스 햄
12장, 훈제되지 않은 것

파마산 치즈 가루 14g

버터 상추 또는 비브레티스,
빵 크기에 맞게 조각으로
찢어서 준비

    세로로 자른 치아바타 빵 양쪽에 버터를 넉넉하게 발라줍니다. 한쪽 면에 햄을 넣고, 그 위에 파마산 치즈 가루와 양상추를 차곡차곡 넣습니다.

    다른 빵 한쪽을 덮고, 날카로운 빵칼로 10~12개 조각으로 자릅니다. 기다란 나무 도마나 긴 접시에 담아냅니다.

허브 버터와 소금을 곁들인 프렌치 레디쉬

작은 그릇에 무염 버터, 타라곤, 파, 딜, 파슬리, 레몬즙과 레몬 제스트, 흑후추를 모두 넣습니다. 포크로 골고루 잘 섞습니다.

시간 여유가 있다면 반으로 자른 레디쉬에 컴파운드 버터를 약간 펴 바르고, 해염을 뿌려 보세요. 또는 레디쉬는 커다란 접시에 그대로 두고, 버터와 소금은 작은 그릇에 담아 같이 내면 손님들이 직접 만들어 먹을 수도 있습니다.

Note: 버터를 바로 사용하고 싶어도, 전자레인지에 넣는 것은 추천하지 않습니다. 버터를 전자레인지에 넣고 돌리면 부드러워지기보다는 녹아버릴 가능성이 더 높기 때문입니다. 버터를 작게 조각내고 지퍼백에 넣어서 밀대로 두드려 보세요. 그리고 손의 열기를 이용하여 버터를 마사지하듯 만져주면 버터가 금세 부드러워집니다. 볼에 옮기고 나무 숟가락으로 마무리합니다.

이 간편한 에피타이저를 위해 신선한 여름 허브(가능하면 텃밭에서 갓 딴 것으로!)를 사용하여 컴파운드 버터를 만듭니다. 저는 부드러운 맛이 나는 길고 얇은 종인 프렌치 브랙퍼스트 레디쉬에 허브 버터를 곁들이는 것을 특히 좋아하지만, 다른 레디쉬를 사용해도 좋습니다.

10~12인분

실온에 둔 좋은 품질의 무염 버터 110g(½컵), Note 참조

다진 신선한 타라곤 1작은술

다진 파 1작은술

다진 신선한 딜 ½작은술

다진 신선한 납작한 잎 파슬리 (이탈리아 파슬리) ½작은술

신선한 레몬 주스 1작은술

갈은 레몬 제스트 ½작은술

갓 갈아낸 흑후추

프렌치 브랙퍼스트 레디쉬 2단 (약 24개), 초록색 이파리 부분이 조금 남도록 손질하고 세척 후 세로로 잘라 준비

좋은 품질의 해염 2큰술

핸드파이는 가지고 나가기에도 좋은 과자입니다. 시판 반죽을 사용하면 매우 간단하겠지만 만약 여러분이 제빵사라면 속을 채우기 전에 반드시 직접 반죽을 만드세요. 이 레시피에서는 달콤하게 잘 익은 블루베리로 채웠지만, 다른 종류의 베리를 섞거나 다른 좋아하는 재료로 속을 채울 수 있습니다.

행크림 블루베리 레몬 핸드파이

12개 분량

블루베리 245g(1¾ 컵)

설탕 65g(⅓ 컵), 덧뿌리기용으로 조금 더 준비

옥수수 전분 2큰술

신선한 레몬즙 1큰술

갈은 레몬 제스트 1작은술

냉장 즉석 베이크 파이 크러스트 반죽 2롤(400g)

달걀 1개, 풀어서 준비

휘핑 크림, 서빙용
(173p 레시피 참고)

핸드파이 만들기

2개의 베이킹 팬에 종이 포일을 펼쳐 둡니다.

중간 크기의 볼에 블루베리, 설탕, 옥수수 전분, 레몬즙, 레몬 제스트를 넣고 잘 섞습니다.

파이 크러스트 도우는 하나씩 펼쳐 작업합니다. 밀가루를 살짝 뿌리고, 밀대로 가로 9cm, 세로 11cm의 직사각형 모양으로 폅니다. 6개의 직사각형 또는 내가 원하는 형태의 모양으로 자릅니다. 자른 파이 도우에 필링을 1~2큰술씩 넣고 반으로 접은 다음 도우 가장자리를 꼬집으며 잘 봉합니다.

계속

필링은 공기 주머니 없이 접힌 파이 크러스트에 꼭 맞게 들어차야 합니다. 나머지도 반복하여 총 12개의 핸드파이를 만듭니다.

베이킹 팬 2개에 핸드파이를 6개씩 나눠 올리고, 날카로운 칼로 각 핸드 파이의 윗부분을 찔러서 숨구멍을 냅니다. 냉동실에 30분간 넣어 두었다가 꺼내서 바로 굽거나, 커다란 밀폐형 지퍼백에 담아 한 달 정도 냉동실에서 보관할 수 있습니다.

오븐은 200°C로 예열합니다.

냉동실에서 꺼낸 핸드파이에 달걀물을 바릅니다. 위에 설탕을 넉넉히 뿌리고, 노릇노릇해지고 필링이 끓어오를 때까지 30~35분간 굽습니다. 핸드파이가 완전히 언 상태라면 10~15분 더 굽습니다.

완성된 핸드파이에 생크림 약간을 곁들여 서빙합니다. 생크림에 허브를 넣어도 좋습니다.

생크림 240ml(1컵) 용량

신선한 라벤더 5줄기 또는
신선한 민트 4g(⅓컵, 선택사항)

슈가 파우더 2큰술

휘핑 크림

    허브를 넣은 크림을 만들고 싶다면, 작은 소스 팬에 생크림과 라벤더나 민트를 넣고 살짝 끓어오를 때까지 중불에서 끓입니다. 불에서 내리고 최소 30분에서 하룻밤 정도 그대로 둡니다. 허브는 걸러내고, 크림은 완전히 식힙니다. 기본 생크림을 원한다면 이 단계는 생략해도 됩니다.

    중간 크기 볼에 생크림과 슈가 파우더를 넣고 핸드 믹서나 손 거품기로 중간 정도의 강한 뿔이 설 때까지 휘핑합니다.

8월

소비뇽 블랑

Sauvignon Blanc

AUGUST
8

8월의 길고 더운 여름날은 가장 한병이 강한 와인 중 하나인 쇼비뇽 블랑에 대해 알아가기에 완벽한 시간입니다. 한 모금 마시고, 잠시 기다려 보세요. 혹시 침이 고이는 게 느껴지시나요? 그게 바로 '산' 때문이랍니다. 아주 맛있죠!

쇼비뇽 블랑의 산미는 아주 상쾌한 느낌이라 그야말로 여름 와인이라고 할 법합니다. 레모네이드를 마실 때 침이 고이는 신맛과 톡 쏘는 청량감과도 비슷하죠. 이번 달에는 쇼비뇽 블랑을 마시면서, 이 산처럼 와인의 재미있는 특징과 맛을 배우게 될 것입니다.

소비뇽 블랑 알아가기

먼저 이 와인의 이름을 어떻게 발음하는지 배워봅시다. '소비뇽(Sauvignon)'은 카베르네 소비뇽과 같은 방식으로 발음합니다(sov-in-YAWN). '블랑(Blanc)'은 blahhhn-kuh, 끝에 딱딱한 k 소리가 나게끔 발음합니다. 멋부려서 발음하는 것 같아 보일 수 있지만, 잘난척하려 이렇게 하는 게 아니라 모든 사람이 발음하는 방식입니다.

푸메 블랑(Fumé Blanc, foo-MAY Blahhhn-Kuh이라고 읽습니다)은 이 품종의 또다른 이름입니다. 소비뇽 블랑이 품질 낮고 달기만 한 와인으로 여겨지던 1960년대 후반, 미국의 와인 생산자 로버트 몬다비(Robert Mondavi)는 그의 소비뇽 블랑 와인을 푸메 블랑이라는 이름으로 부르기 시작했습니다. 이는 프랑스산 소비뇽 블랑처럼 더 드라이한 와인이라는 점을 강조하기 위한 것이었지요. '푸메'는 프랑스 루아르 밸리에서 생산된 소비뇽 블랑 와인인 푸이 퓌메(Pouilly-Fumé)에서 따온 이름입니다. 소비뇽보다 푸메가 더 발음하기 쉽죠! 즉, 라벨에 푸메 블랑이라고 적혀 있으면 사실상 소비뇽 블랑 와인이라는 뜻입니다. 이 이름은 일부 미국과 뉴질랜드 와이너리에서 여전히 사용하고 있지만, 그 외 대부분 지역에서는 그냥 소비뇽 블랑으로 불립니다. 프랑스를 제외하고 말이죠.

오크로 갈 것인가 말 것인가

대부분의 캘리포니아 소비뇽 블랑은 보르도 스타일로 만들어집니다. 소비뇽 블랑이 오크통에서 숙성되고, 보통 세미용(Sémmillon)이라고 불리는 또 다른 화이트 와인 품종과 블렌딩한다는 뜻입니다. 하지만 저로서는 소비뇽 블랑의 가장 좋은 부분인 산미와 바삭함이 오크통에서 숙성되며 부드러워지는 게 아쉽습니다. 오크통 숙성은 적어도 산도가 높은 와인에 한해서는 소심한 와인으로 만들어 내는 단점이 되기 때문이죠. 또한 통에서의 숙성 시간이 짧을수록 와인의 가격도 낮아지므로, 스테인리스 스틸로 발효한 와인은 가성비도 좋습니다.

시트러스의 상큼함을 찾고 있다면, 소비뇽 블랑의 뒤쪽 라벨을 확인해 보세요. 오크통이 흔적으로라도 남아 있다면, 다시 선반에 올려두면 됩니다. 뉴질랜드, 호주, 칠레, 또는 남아프리카 쪽을 찾아보세요.

반면에 여러분은 오크통과의 접촉으로 만들어진 우아하고 더 둥근 와인을 좋아할 수도 있습니다. 어떤 와인이 좋은지 아직 모르시겠다면, 이번 시음회에는 오크통에서 숙성한 캘리포니아산 소비뇽 블랑도 포함해 보세요. 와인 클럽 멤버들과 함께 결정하면 됩니다.

남반구의 가성비 와인

호주, 뉴질랜드, 칠레, 아르헨티나산 소비뇽 블랑은 흥미로운 라벨과 유쾌한 풍미의 프로필을 가지고 있고 가격도 좋습니다. 실제로 루아르 밸리의 와인 한 병을 구입할 수 있는 돈으로 다른 와인을 여러 병 구입할 수 있는 경우가 많습니다.

호주와 뉴질랜드 산 소비뇽 블랑의 가격은 오르는 추세이지만, 칠레와 아르헨티나산은 여전히 저렴합니다. $15 미만의 제품도 아직 많이 찾을 수 있고, 무엇보다 저렴한 와인을 구매한다고 해서 민망해할 필요도 없습니다. 여러분의 입맛에 맞다면 충분해요! 칠레와 아르헨티나산 소비뇽 블랑이 저렴한 건 그저 생산량이 많기 때문이니까요.

물론 이 저렴한 와인들이 맛도 좋다는 것이 알려지면 그 와인들의 명성이 들불처럼 퍼지고 곧 가격도 덩달아 오를 것입니다. 그러니 이 소비뇽 블랑들이 아직 덜 유명할 때 한번쯤 마셔 보길 바랍니다.

만약 여러분이 야외에서 마실 계획이라면 와인 병을 아이스 버킷에 담아 그늘진 곳에 보관합니다. 하지만 아이스 버킷을 올바르게 사용하는 법(162페이지)을 모른다면 기억에 남는 교훈을 배우게 될 것입니다.

와인 용어

크리스피(crisp) 생동감 있고 톡 쏘는 듯한 식감과 피니시를 설명할 때 사용합니다. 톡 쏘는 그래니 스미스 애플을 한 입 베어 물었을 때와 비슷합니다.

그래시(grassy) 풀을 갓 베어냈을 때와 같은 향입니다. 보통 신선한 허브와 같은 향이고, 때로는 아스파라거스나 콩 냄새가 날 때도 있습니다.

소테른(Sauternes) 보르도 지역에서 소비뇽 블랑과 세미용을 블렌딩해 만든 디저트 와인입니다.

세미용(Sémillon) 이 품종은 종종 보르도와 캘리포니아의 소비뇽 블랑과 블렌딩되어 풍부함과 꿀의 향, 그리고 오프드라이한 피니시를 더합니다.

아펠라시옹 (Appellation)

'아펠라시옹'[1]은 여러분이 마시고 있는 포도가 생산된 지점을 의미합니다. 우리는 이미 대부분의 프랑스 및 기타 구대륙 와인의 라벨에서 이 와인이 어떤 포도 품종으로 만들어졌는지 알 수 없다는 점에 대해 이야기한 바 있습니다. 프랑스 와인은 일반적으로 지명을 따서 표시되기 때문이죠. 즉 샤르도네 또는 피노 누아 대신 와인 생산 지역명 또는 아펠라시옹인 샤블리나 부르고뉴가 표시되어 있습니다. 즉 프랑스산 와인 한 병과 프랑스 지도를 보면 이 와인이 어디서 만들어졌는지 확인할 수 있는 거지요.

이 지역을 통해 와인이 어떤 포도로 만들어졌는지 알아내는 것은 생각보다 쉽습니다. 프랑스(및 이 시스템을 사용하는 이탈리아 외 기타 국가)에서는 지정된 아펠라시옹의 와인은 반드시 특정 품종의 포도로 만들어져야 하기 때문입니다. 샤블리 와인은 항상 샤르도네 포도로, 부르고뉴 레드 와인은 항상 피노 누아로 만들어지는 식이죠.

다행히도 와인을 사랑하기 위해 아펠라시옹과 이에 따라오는 포도를 외울 필요는 없습니다. 그러나 여러분은 어떤 구대륙(유럽)의 아펠라시옹이 여러분이 좋아하는 포도 품종에 해당하는지, 아니면 그 반대인지에 대해서는 알고 싶으시겠지요.

어떻게 알 수 있느냐고요? 대부분 와인 숍 주인들은 와인의 세계로 여러분을 잘 이끌어줄 수 있고, 무엇보다 이런 이야기를 하는 걸 좋아한다는 점을 기억하세요!

---

1 프랑스어로 이름, 명칭이라는 뜻. AOC(Appellation Contrôlée and Appellation d'Origine)라 하여 보르도의 메독이나 캘리포니아의 나파와 같이 특정 포도가 재배되는 포도원의 위치를 세분화한 명칭으로, 라벨에서 찾아볼 수 있다. [출처: 와인21 용어사전]

8월의 와인

이번 달에는 프랑스의 루아르 밸리, 캘리포니아, 호주, 그리고 뉴질랜드의 소비뇽 블랑을 차례대로 맛보며 발생지(그래요, 아펠라시옹입니다. 와인 전문가가 다 됐네요!)에 따라 와인의 맛이 얼마나 다를 수 있는지 알게 될 것입니다. 아래는 소비뇽 블랑이 세계 각지에서 얼마나 다채롭게 빛나는지를 보여주는 리스트입니다.

프랑스, 푸이 퓌메(Pouilly-Fumé, France)   ($15~25)

프랑스 루아르 밸리 지역의 이름을 딴 이 와인은 소비뇽 블랑으로만 만들어졌습니다. 푸메는 프랑스어로 '연기'라는 뜻으로 기분 좋은 스모키 향과 부싯돌의 향을 가지고 있고, 상세르 지역의 와인보다 바디감이 더 풍부한 편입니다.

프랑스, 상세르(Sancerre, France)   ($15~25)

프랑스 루아르 밸리 지역의 이름을 딴 이 와인은 완전히 소비뇽 블랑으로만 만들어졌고, 푸이 퓌메보다 더 묽거나 가벼운 바디감을 지닌 와인입니다.

미국 캘리포니아, 소비뇽 블랑(Sauvignon Blanc, California, USA)
  ($12~20)

캘리포니아의 소비뇽 블랑은 특유의 시트러스 향을 뿜어내지만 바나나, 하미과, 복숭아, 살구, 멜론의 향도 찾아볼 수 있습니다. 상세르 지역의 와인보다 바디감이 더 풍부한 편입니다.

뉴질랜드 및/또는 호주, 소비뇽 블랑(Sauvignon Blanc, New Zealand and/or Australia)   ($10~12)

제가 가장 좋아하는 소비뇽 블랑의 생산 지역 중 하나는 뉴질랜드 말보로입니다. 1970년대 후반, 돌이 많은 토양에서 소비뇽 블랑이 탄생하면서 와인 애호가들의 메카로 재탄생했습니다. 이곳에서는 소비뇽 블랑의 팬들이 사랑하는 완벽한 시트러스를 품은 와인이 탄생합니다. 뉴질랜드 전체 소비뇽 블랑 포도 생산량의 3분의 2를 차지하고 있습니다.

칠레와 아르헨티나(Chile and Argentina) ($10~20)

이 두 지역에서도 좋은 와인들이 납니다. 뉴질랜드에서 온 와인보다 덜 대담하지만 강렬합니다. 프랑스산보다는 과일 느낌이 더 풍부하고 신대륙 스타일에 더 가깝습니다.

스파이: 프랑스에서 온 부브레(Vouvray from France) ($15~20)

상세르와 푸이 퓌메처럼 루아르 밸리에서 생산되지만 소비뇽 블랑이 아닌 슈냉 블랑(Chenin Blanc) 포도로 만들어집니다. 두 포도의 차이점을 배우고 루아르 밸리의 또 다른 유명한 품종을 알게 될 좋은 기회입니다. 게다가 부브레는 여름에 마시기 좋은 와인이므로 이번 달이 이 와인에 대해 탐험하기 딱 좋은 시간일 겁니다. 부브레 와인은 성장 기간이 얼마나 오래 지속되는지에 따라 스타일이 다양한데, 포도가 나무에 오래 매달려 있을수록 포도는 더 달콤해집니다. 라벨에 'sec(드라이)' 또는 'demi sec(오프드라이)'이라고 적힌 제품을 구입하는 것을 추천합니다. 두 스타일 모두 소비뇽 블랑보다 더 달콤하므로 시음회에서 더 달콤한 와인을 발견했다면 아마 스파이를 발견했을 가능성이 높습니다.

와인을 즐길 시간

우선 한 모금 마셔 보세요. 입에 침이 고이자마자 왜 이 와인이 유명한지 알게 될 것입니다. 곧 또 한 모금, 그리고 또 한 모금… 계속해서 마시고 싶어질 것입니다. 그럼, 이 와인에서 또 어떤 점들을 알아야 할까요?

온도와 시간

어떤 사람들은 병에 적힌 날짜로부터 3~5년 이내에 마시는 게 가장 좋다고 하지만, 저는 그렇게 오래 보관하는 경우가 거의 없습니다. 물론 소비뇽 블랑은 저장, 즉 셀러에 보관할 수 있습니다. 캘리포니아산은 오크통에서 숙성되고, 루아르 밸리의 많은 와인은 몇 년간 보관해 두기에 충분한 구조감을 가지고 있죠. 하지만 일반적으로, 적어도 소비뇽 블랑에 한해서는 올해 만든 와인은 올해 마시는 게 좋고 내년의 와인도 내년에 코르크를 따자마자 마셔야 합니다. 6.7~12.2°C 사이로 마시는 것이 좋은데, 대부분 가정용 냉장고가 3.3~5.6°C 사이이므로 잔에 온도계를 대 볼 필요도 없습니다. 그냥 냉장고에서 차갑게 식혔다가 마시면 됩니다. 더운 여름날에 이 와인을 따르고 몇 차례 흔들다 보면, 와인은 따뜻해지면서 향이 돋보이기 시작합니다.

색상 소비뇽 블랑은 물처럼 맑을 수 있습니다. 사실상 물(H_2O)가 아니라 소비뇽 발랑을 마시고 있다는 증거는 느슨하고 촉촉한 다리(50페이지 참조)입니다. 색은 정말로 '느낌' 정도로만 볼 수 있는데, 이 희미한 녹색의 느낌이 바로 소비뇽 블랑이라는 아주 결정적인 증거라고 할 수 있습니다. 가끔은 연두색, 연한 노랑, 버터색, 짚색, 황금색으로도 표현합니다. 이 스펙트럼 중 황금색 쪽에 더 가까울수록 오크통에서 숙성했을 가능성이 더 높습니다. 또한, 색상이 무엇이든 와인은 맑고 침전물이 없어야 합니다.

향 전반적으로 이 와인의 시그니처인 자몽 향이 느껴지며, 샤르도네보다는 시트러스 향이 더 강합니다. 루아르 밸리의 푸이 퓌메에서는 테루아로 인해 스모키한 힌트를 찾을 수 있습니다. 이 품종에서는 공통적으로 레몬, 라임, 건초, 풋과일, 열대과일, 미네랄, 고양이 오줌(잘못 쓴 게 아닙니다!), 초본식물 향, 아스파라거스, 구스베리를 느낄 수 있고 여름의 시그니처 향인 갓 자른 풀 향도 느껴집니다. 따라서 여러분이 잔을 돌리며 와인의 향을 맡고 표현하려고 할 때 '그래시하다'는 표현을 자연스럽게 쓰게 될 겁니다. 캘리포니아산 소비뇽 블랑에서는 바나나, 살구, 멜론 향이 더 많이 날 수 있습니다. 이 와인은 일반적으로 오크통에서 숙성되며 단맛이 약간 있고, 바디감을 더하고 산미를 줄여주는 세미용과 블렌딩되는 경우도 종종 있습니다. 뉴질랜드, 호주, 칠레, 남아프리카의 소비뇽 블랑은 프랑스나 캘리포니아산보다 훨씬 푸르고 그래시한 느낌이 더 강합니다.

맛 루아르 밸리와 뉴질랜드산 와인을 맛보면 입이 시큼한 청사과 풍미로 가득해질 것입니다. 시트러스 향이 날 테지만, 분명히 맛은 청사과입니다. 캘리포니아산에서는 잘 익은 멜론, 시트러스, 하미과, 복숭아의 맛을 느낄 수 있습니다. 만약 꿀 맛이 난다면, 세미용 포도의 영향일 가능성이 높습니다.

바디감 대부분의 소비뇽 블랑은 미디엄 바디입니다. 여러분이 시음하고 있을 루아르 밸리, 뉴질랜드와 호주산 소비뇽 블랑은 캘리포니아산보다 더 깨끗하고 바삭한 바디감을 갖고 있습니다.

제가 캘리포니아산 소비뇽 블랑을 이야기하며 했던 오크통 이야기 기억하시나요? 오크통에서 숙성하거나 세미용 포도와 블렌딩하면 (또는 두 가지 모두 하면) 바디감이 더 무거워집니다.

피니시 이 와인은 산미 덕분에 피니시가 매우 길어지는 편이지만, 사람마다 다르게 느낄 수 있습니다. 와인을 한 모금 마시면 먼저 입에 침이 돌고, 뺨 안쪽에 침이 고이고 미각 전체가 따끔거리면서 10초 이상 지속될 수 있습니다. 반면 물 같은 와인이 혀를 거쳐 흔적 없이 목구멍으로 사라진다면 그것은 매우 짧은 피니시인 것입니다.

맛있는 요리를 먹자

이번 달에는 여름의 멋진 농산물들을 활용하면서 소비뇽 블랑의 산미를 강하게 느껴 보겠습니다. 8월은 너무 덥기 때문에, 주방에 들어가지 않아도 만들 수 있는 레시피 위주로 준비했습니다.

토마토와 해염 바 스낵	190
신선한 바질을 곁들인 멜론과 세라노, 모차렐라 브로셰트	191
옥수수, 염소 치즈, 페스토를 얹은 여름 스쿼시 그릴 피자	192
매운 파인애플과 망고 그라니타	194
바닐라 크림과 발사믹 시럽을 곁들인 딸기 쇼트 케이크	195

SAUVIGNON BLANC

토마토와 해염 바 스낵

올리브 트레이[2]에 토마토를 넣은 요리는 낼 때마다 주목받습니다. 올리브 트레이는 생활용품점 주방용품 코너에서 찾을 수 있어요. 즙이 풍부한 대추 방울토마토와 방울토마토를 즐길 수 있을 뿐 아니라 주방에 들어갈 필요도 없는 맛있는 간식입니다.

올리브 트레이의 바닥에 올리브 오일을 약간 붓고 토마토를 한 줄로 둡니다. 작은 그릇에 담은 소금과 이쑤시개를 같이 냅니다. 손님들은 이쑤시개로 방울토마토를 꿰어서 소금 접시에 살짝 담가 아랫부분에 묻혀 먹습니다.

10~12인분

엑스트라 버진 올리브 오일

**방울 토마토 또는
그레이프 토마토 24개**

**코셔소금, 바다소금,
플뢰르 드 셀 등 해염**

---

2 (역주) 주로 나무나 세라믹으로 된 길고 가느다란 접시. 집에 있는 긴 접시를 사용해도 무방하다.

사실 브로셰트는 '꼬치'를 그럴듯하게 부르는 이름일 뿐이고 매력적인 이름에 맞게 모양도 예쁩니다. 10cm 길이의 나무 꼬치 12개가 필요합니다.

은은한 바질을 곁들인 멜론과 세라노, 모차렐라 브로셰트

꼬치 12개 분량

잘 익은 하미과 멜론 1개, 껍질과 씨 제거 후 4cm 크기의 24개 조각으로 자릅니다.

신선한 바질 잎 24장

각각 4등분한 세라노 햄 6조각

작은 모차렐라 볼 12개

엑스트라 버진 올리브 오일, 뿌리기용

거칠게 간 소금, 뿌리기용

꼬치에 하미과 멜론 한 조각, 바질 잎 한 장, 접은 햄 한 장, 모차렐라 볼, 다시 바질 잎 한 장, 접은 햄 한 장과 하미과 멜론 한 조각을 차례로 꿰니다. 12개의 꼬치 모두 이 과정을 반복합니다.

접시에 담고 아주 좋은 엑스트라 버진 올리브 오일과 거칠게 부순 소금을 뿌립니다. 덮어서 냉장고에 넣어 보관해 두었다가 냅니다.

옥수수, 염소 치즈, 페스토를 얹은 여름 스쿼시 그릴 피자

피자에 스쿼시[3]를 넣는다는 것이 이상하게 들릴 수도 있겠지만 옥수수, 염소 치즈, 그리고 페스토의 조합은 생각보다 잘 어울립니다. 이 레시피의 목표는 여러분을 부엌에 접근하지 못하게 하는 것이지만, 만일 그릴이 없다면 에어컨을 켜고 오븐을 돌리세요.

오븐은 260℃로 예열합니다.

토핑 만들기: 커다란 냄비에 물을 담고 센불에 끓인 다음, 옥수수를 넣고 2~3분간 삶습니다. 옥수수를 꺼내 알만 떼어내고, 올리브 오일을 넣고 버무립니다. 소금과 후추로 간한 다음 잠시 빼 둡니다.

큰 볼에 옐로우 스쿼시와 주키니를 넣고 소금을 뿌려 버무린 다음 잠시 빼 둡니다.

바질 페스토 만들기: 푸드 프로세서에 바질, 잣, 마늘을 넣고 곱게 갈아 줍니다. 기계가 작동하는 동안 엑스트라 버진 올리브 오일을 넣고 부드럽게 섞습니다. 소금과 후추로 간을 맞춥니다.

피자 1개 분량

피자 토핑 재료

옥수수 2자루, 껍질 벗겨서 준비

엑스트라 버진 올리브 오일 1큰술

코셔 소금과 갓 갈아낸 블랙페퍼

옐로우 스쿼시 60g(½컵), 반달 모양으로 잘라서 준비

주키니 호박 60g(½컵), 반달 모양으로 잘라서 준비

바질 페스토 재료

바질 잎 50g(2½컵)

잣 30g(¼컵)

다진 마늘, 2쪽 분량

엑스트라 버진 올리브 오일 60ml(¼컵)

---

3 (역주) 스쿼시의 종류는 아주 다양한데, 미국에서 '스쿼시'라고 하면 주로 진한 녹색의 애호박처럼 생긴 종류를 의미한다. 이 레시피에서 사용한 옐로우 스쿼시는 여름 스쿼시라고도 하며, 애호박과 비슷하다.

코셔 소금, 갓 갈아낸 블랙페퍼

피자 재료

세몰리나 밀가루,
피자 겉면에 뿌릴 용도

해동된 시판용 피자 반죽 455g,
또는 플랫 브래드 2개

염소 치즈 115g, 으깨서 준비

엑스트라 버진 올리브 오일 1큰술

얇게 채썬 바질 잎 5g(¼컵)

피자 완성! 피자 도우가 달라붙지 않도록 세몰리나 밀가루를 피자용 팬에 넉넉히 뿌립니다. 피자 도우를 35.5~40.5cm 지름의 동그란 크기로 늘려 팬에 올립니다.

오븐에서 구울 경우: 약간 노릇노릇해질 때까지 10분간 미리 굽습니다(피자는 아직 익지 않았을 것입니다). 오븐에서 꺼낸 도우에 페스토를 가장자리 약 2.5cm만큼 남겨 두고 바릅니다. 옐로우 스쿼시, 옥수수, 염소 치즈를 페스토 위에 고르게 얹습니다. 치즈가 녹을 때까지 약 10분 동안 다시 굽습니다.

그릴에서 구울 경우: 그릴을 뜨겁게 예열한 후 촘촘한 석쇠에 식용유를 바릅니다. 피자 도우를 살짝 흔들어 뜨거운 그릴 위로 미끄러트리듯 내려놓으세요. 뚜껑을 덮고 도우가 부풀어 오르고 바닥이 약간 노릇하게 익기 시작할 때까지 2~4분간 굽습니다. 구운 피자 도우를 그릴에서 꺼내고, 구워진 면에 토핑을 올릴 수 있게끔 뒤집습니다. 오븐에서 구울 때와 마찬가지 방법으로 토핑을 얹고, 치즈가 녹고 옐로우 스쿼시가 살짝 노릇해질 때까지 3~5분간 굽습니다.

올리브 오일을 뿌리고 바질을 얹어 피자를 완성합니다. 10조각으로 자르고 냅니다.

어른들을 위한 아이스크림이 필요하다면, 바로 이 레시피가 제격입니다. 그라니타는 아이스크림 제조기 같은 특별한 장비를 필요로 하지 않습니다. 블렌더가 다 해결해 줄 테니까요. 디저트 컵(가능하면 샴페인 쿠페나 디저트 와인 잔)에 담아서 내면 더 인상적입니다.

매운 파인애플과 망고 그라니타

10~12인분

설탕 100g(½컵)

세라노 고추 1개, 꼭지를 떼고 반으로 잘라 준비

파인애플 청크 350g(2½컵), 또는 익은 커다란 파인애플 1개를 껍질을 벗기고 잘라서 준비

라임즙 2큰술, 체에 걸러서 준비

망고 210g(1½컵), 잘게 깍둑썰기해서 준비

거칠게 간 소금 ½작은술

고춧가루 ½작은술

작은 소스 팬에 물 240ml(1컵), 설탕, 세라노 고추를 넣고 끓어오를 때까지 중불에서 5분간 끓인 후, 세라노 고추는 걸러냅니다.

파인애플, 라임즙, 앞에서 만든 시럽을 믹서기에 넣고 퓌레 정도로 부드러워질 때까지 작동합니다.

다른 볼에 망고, 소금, 고춧가루를 잘 섞습니다.

가로 23cm, 세로 33cm의 베이킹 팬에 앞의 퓌레 혼합물을 붓고, 양념한 망고를 넣은 후 냉동고에 45분간 넣어 둡니다. 혼합물을 포크로 사박사박 부순 다음, 다시 냉동고에 넣습니다. 완전히 얼음이 될 때까지 30분마다 계속 긁어내는데, 최대 2시간 반까지 걸립니다. 이 그라니타는 냉동고용 용기에 담아 4주까지 보관할 수 있습니다.

딸기 쇼트 케이크는
최고의 여름 디저트입니다.
쇼트 브레드를 사용하기 때문에
오븐도 필요 없습니다.
제철인 딸기의 달콤함이
이 디저트의 핵심입니다.
만약 딸기가 달지 않다면
이 디저트 말고 다른 것을 만드세요.

바닐라 크림과 발사믹 시럽을 곁들인 딸기 쇼트 케이크

케이크 12조각

생크림 240ml(1컵)

바닐라 익스트랙 1작은술

슈가 파우더 1큰술

쇼트 브레드 쿠키 12개

발사믹 글레이즈 데코용
(Note 참조)

작은 딸기 12개 또는 큰 딸기 6개, 심지는 빼고 얇게 잘라서 준비

Note: 발사믹 글레이즈는 당밀 농도를 절반으로 줄인 발사믹 식초를 말합니다. 집에서 직접 만들거나 시판되는 것을 사용해도 좋습니다.

중간 크기 볼에 생크림, 바닐라 익스트랙, 슈가 파우더를 넣고 핸드 믹서나 거품기를 사용하여 중간 정도의 강한 뿔이 서도록 휘핑합니다.

각 쇼트 브레드 쿠키 위에 생크림 1큰술을 올리고 위에 발사믹 글레이즈를 뿌립니다. 크림 위에 얇게 썬 딸기를 정돈해서 올리고, 여분의 생크림이 든 그릇과 함께 바로 냅니다. 또는 냉장고에서 2시간가량 보관할 수 있습니다.

SEPTEMBER
9

9월은 덥고 늘어지는 여름 휴가철에서 좀 더 번듯한 가을의 일상으로 전환되는 달입니다. 해는 점점 짧아지고, 맨발의 샌들에서 양말이 필요한 신발로 바꿔 신으며 여름의 열기가 서서히 가시는 시기이지요. 그래서 이번 달에는 약간의 재미를 더하기 위해, 약간은 이상하고 야생적인 내추럴 와인들로 와인 클럽을 구성할 것입니다.

와인 매니아 중에서도 전형적인 것을 좋아하지 않는 사람들을 위한 9월입니다. 사실 최소한의 반복 생산(사람과 기계 모두)에 초점을 맞추는 것은 새로운 트렌드가 아니라, 아주 오래된 일입니다. 최근에는 이 카테고리가 힙스터, 예술가 및 요리사들로 구성된 독특한 사교 모임을 통해 특유의 문화를 형성하고 있습니다. 이 난해한 와인의 맛은 물론이고, 이 특이한 와인을 찾아내는 스릴에 몰입하고 있죠. 와인 컬트라고 불러도 무리가 없을 텐데, 이제 여러분도 그 일부가 될 것입니다. 조사도 하고, 나만의 와인을 찾아내고 또 온라인 쇼핑도 할 수 있겠죠. 단단히 준비하세요! 이번 달의 와인 클럽은 좀 이상해질 테니까요.

내추럴 와인 알아보기

'내추럴 와인'. 이 이름이 이상하게 들리나요? 그럴 만도 합니다. 애매한 개념을 설명하려다 보니 이름부터 혼란스럽죠. 사실 모든 와인은 식물, 토양, 비, 그리고 약간의 햇빛(일명 테루아)과 같은 자연에서 시작되기 때문에 '내추럴'합니다. 사실 이게 바로 내추럴 와인 그 자체인데, 아무것도 추가하지 않고 아무것도 제거하지 않는 것이 '내추럴 와인'의 모토입니다.

여러분이 지금까지 와인 클럽을 운영하며 마신 대부분의 와인은 잔에 담기기 전까지 와인 생산자의 각종 개입을 받았습니다. 기술적으로나 법적으로나 여러분이 마시는 와인에는 최대 수십 개, 정확히는 FDA 승인을 받은 76개의 첨가물을 넣습니다. 그런 다음 현대 기술과 기계를 사용하여 온갖 종류의 방식으로 처리하죠. 와인이 거치는 일반적인 과정 중의 하나는 '파이닝[1]', '필터링[2]'이라고도 알려진 정제 작업으로, 본질적으로 우리—와인을 마시는 대부분의 사람—가 와인을 마시기에 적합한 상태로 만듭니다. 이러한 과정을 통해 찌꺼기가 모두 제거되므로 우리는 최종적으로 부유물 없는 깨끗하고 맑은 와인을 볼 수 있게 됩니다. 하지만 내추럴 와인에 한해서는, '탁하다'는 것은 당연히 괜찮은 것이고 이 결점 또한 재미의 일부입니다.

그렇다면 실제로 와인을 '내추럴'하게 만드는 것은 무엇일까요? 꼭 기억해야 할 두 가지 주요 사항은 다음과 같습니다.

1. 내추럴 와인에는 첨가물과 화학물질이 없습니다
2. 와인 제조 과정에 기술적 처리가 포함되어 있지 않습니다.

독보적인 내추럴 와인

항상 가던 동네의 작은 와인 숍에 가서 이번 달에 마실 내추럴 와인을 고를 생각이었던 분들은, 믿었던 숍에 내추럴 와인 섹션이 아예 없다는 것에 놀랄 수도 있습니다. 고급 와인 숍에는 더 많은 제품들이 있어서 선택의 폭이 넓지만,

---

1 Fining. 계란 흰자 혹은 필터 등의 응고제를 사용하여 와인 중에 있는 부유 물질들을 제거하여 와인을 투명하게 만드는 과정으로 프랑스어로는 콜라쥬(Collage)라고도 한다. [출처: 와인21 용어사전]

2 Filtering. 와인의 양조 과정 중 마지막 단계에서 여과기를 이용하여 찌꺼기나 이물질을 제거하고 여과하는 과정이다. 이는 와인 색의 선명도, 투과성 및 와인의 안정성을 향상시키지만, 많은 와인 생산자가 이 과정에서 풍미나 복합미가 떨어진다고 생각한다. [출처: 와인21 용어사전]

대부분의 동네 와인 숍에서는 선택의 폭이 좁기 마련이니까요. 이 찾기 힘든 와인을 발견했을 때 가장 먼저 눈에 띄는 것은 매우 멋지고 독창적인 영감에서 태어난 자유분방한 라벨들의 배열들입니다. 어떤 것은 라벨에 바로 '내추럴 와인'이라고 적혀 있고, 혹시 와인 숍에 유기농 섹션이 있다면 그곳에서 찾을 수 있을 겁니다.

많은 와인 병에서는 아무런 정보도 얻을 수가 없고, 이미지만 있거나 손글씨로 간단히 '와인'이라고만 적혀 있습니다. 와인 생산자와 어떤 연결고리도 제공하지 않겠다는 뜻인데, 신뢰도가 떨어진다는 뜻으로도 이어집니다. 그들이 생각하기에, 병에 넣은 와인은 우선 맛을 보아야 합니다. 너무 많이 생각하지 않고 말이죠.

시험해 볼 와인들을 찾았다면, 이제 특이점이 무엇인지 확인할 시간입니다. 내추럴 와인에 대해 설명할 때는 지난 몇 달 동안 알아 본 전형적인 와인 색상들도 등장하지만, 이번 달 시음회에서는 탁함, 갈색, 산화(94페이지 참조)된 것 같은 용어도 튀어나올 것입니다. 갈색의 와인은 보통 나쁜 와인을 의미하지만 내추럴 와인의 갈색빛은 끓은 와인(47페이지 참조)과는 다릅니다. 탁한 것도 일반적인 특징인데, 와인 생산자가 병에 와인을 주입하기 전에 탁한 부분이 자연스럽게 바닥으로 떨어지게 담으면 깨끗하게 병입될 수 있습니다. 그리고 많은 내추럴 와인들은 여러분이 여태 마셔 온 다른 와인들과 생각보다 비슷한 느낌일 수 있습니다.

라벨부터 맛보기까지, 내추럴 와인에는 우아함이나 매너, 의전 따위가 그리 중요하지 않다는 것을 잘 알게 되셨을 겁니다. 하지만 그럼에도 불구하고 와인의 의식, 낭만, 신비로움은 이 '살아 있는 와인(vin vivants)' 속에서 여전히 살아 숨 쉬고 있습니다.

포도를 만나다

내추럴 와인은 다른 와인 카테고리보다 비교적 덜 알려진 포도 품종을 사용하는 편입니다. 카리냥(Carignan), 샤르보노(Charbono), 카르투아 베르멜(Cartoixá Vermell), 고데요(Godello), 모작(Mauzac), 말라구지아(Malagousia), 나스체타(Nasceta) 등의 포도는 기본적으로 여러분이 한번도 들어본 적이 없는 이름일 것입니다. 내추럴 와인은 잊힌 포도를 되살릴 뿐만 아니라 전 세계의 역사적인 포도밭에 영광을 다시 가져오고 있습니다. 이 카테고리의 성장 덕분

에 미국 뉴욕, 캘리포니아와 호주, 칠레, 체코, 조지아, 슬로베이나, 스페인, 독일, 오스트리아, 이탈리아, 그리고 프랑스 등 많은 지역에서 멸종될 수도 있었던 포도를 재발견하고 보호하고 있습니다.

나를 마셔요

내추럴 와인을 탐험하다 보면, 〈이상한 나라의 앨리스〉에서 "나를 마셔요"라고 적혀 있는 병을 보는 기분이 들 때가 있습니다. 이 와인에는 딱 한 가지 지침이 있습니다. '표준이 없기 때문에 비교할 와인도 없다.' 내추럴 와인 양조는 기본적으로 '덜어낼수록 낫다'를 기조로 삼고 있지만, 첨가물이나 기계적인 개입은 최소화하기 때문에 오히려 사람의 손길이 많이 필요하기도 합니다.

유기농 vs 내추럴 내추럴 와인은 유기농입니다. 즉 화학 물질과 살충제 없이 농사 지은 포도로 만들어지지요. 또한 '유기농'이라는 라벨을 붙이기 위해서는 효모를 포함한 와인 제조 과정에 사용되는 모든 재료가 유기농으로 재배되어야 합니다. 또한 아황산염(와인 제조에 사용하는 일반적인 방부제)을 추가할 수 없습니다. 그러나 모든 유기농 와인이 내추럴 와인인 것은 아닙니다. 차이점은 유기농 와인은 대규모 가공 기술을 적용했을 수 있지만 내추럴 와인은 그렇지 않다는 것입니다. 내추럴 와인의 목표는 인간의 개입을 최소화하는 것이니까요.

바이오다이나믹 vs 내추럴 바이오다이나믹 와인 제조는 농장을 전체적으로 보고 또한 행성 주기에 의존하기도 하는 총체적인 방법입니다. 자체적인 바이오다이나믹 달력을 따르는데, 이 달력의 날짜들은 흙과 불, 공기, 물까지 네 가지 요소의 특성을 가집니다. 그 다음 과일의 날(수확하기에 가장 좋은 날), 뿌리의 날(가지치기하는 날), 잎의 날(물 주는 날), 꽃의 날(포도밭을 쉬게 하는 날) 등 농사일을 할당하는 거죠. 바이오다이나믹 인증을 받기 위해서는 포도밭에 제초제나 살충제를 포함한 합성 화학 물질을 사용할 수 없으며 와인 제조 과정에서 산성, 설탕, 효소조차도 사용할 수 없습니다. 모든 바이오다이나믹 와인은 유기농이지만 모두 내추럴 와인인 것은 아닙니다. 포도를 수확한 다음 와인 제조 과정에 기술이 사용될 수도 있으니까요.

요점은 모든 내추럴 와인은 유기농이고 아울러 바이오다이나믹 와인일 수 있으나, 유기농 및 바이오다이나믹 와인이 반드시 내추럴 와인인 것은 아니라는 것입니다.

와인 용어

신화#1

내추럴 와인은 건강에 좋다? 내추럴 와인에는 화학 물질과 첨가물이 거의 없고, 설탕 함량이 낮으며 비건으로 분류될 수 있습니다. 또한 팔레오 다이어트[3] 및 케토 다이어트[4]에 적합하다고 볼 수 있는 데다 알코올 도수가 낮기 때문에, '건강'이라는 단어를 어떻게 정의하냐에 따라 더 나은 선택이 될 수도 있죠. 유황 알레르기 또는 과민증이 있는 사람들(말린 과일을 먹을 수 있다면 아황산염에 알레르기가 없다는 것입니다)도 내추럴 와인은 시도해 볼만 하지만, 모든 와인에는 발효 과정에서 자연적으로 생성된 아황산염이 포함되어 있다는 것을 꼭 알아야 합니다.

신화#2

모든 내추럴 와인은 사이다(Cider)같은 맛이 난다? 일부 내추럴 와인은 일반 와인과 비슷한 맛이 납니다. 내추럴 와인은 발효 속도가 느리기 때문에 사이다나 콤부차 같은 시큼한 특성이 일반적이긴 하지만, 앞서 언급한대로 모든 와인이 독특하다는 점을 제외하면 이 카테고리의 모든 와인에 전반적으로 적용할 수 있는 것은 없습니다.

신화#3

내추럴 와인은 모두 알코올 도수가 낮다? 일부는 도수가 3% 정도로 낮지만, 일반적으로 9~11% 사이입니다. 여러분이 맛본 대부분의 화이트 와인은 아마도 11~12%였을 것이고 묵직한 진판델 같은 일부 레드 와인은 13~14% 정도로 더 높게 나타날 수 있습니다. 즉, 내추럴 와인 중 일부는 알코올 도수가 낮을 수는 있으나, 대부분은 평균에 가깝습니다.

---

3 (편집자 주) '구석기 시대의' 뜻을 가진 형용사 '팔레오리틱(palaeolithic)'의 미국식 줄임말로 원시 시대 인류의 식습관을 따르는 방식이다. 고기, 견과류, 채소 등 단백질과 식이 섬유 위주의 식단을 선호하고 콩과 곡물을 기피한다.

4 (편집자 주) 소위 말하는 저탄고지 식단으로, 케톤체(ketone body)를 생성하는 것에 초점을 맞춘 식이요법이다.

포도에게 자유를

내추럴 와인은 구하기 어렵기 때문에, 이번 달에는 온라인 쇼핑이 가장 안전하고 빠른 와인 확보 방법이 될 수 있습니다. 그러나 여러분이 꼭 와인 배송이 가능한 곳에 살고 있다는 보장은 없겠지요. '포도에게 자유를(Free the Grapes.org)'이라는 운동은 모든 곳으로 와인 배송이 가능하게끔 함으로서 소비자 선택을 보장하고자 하는 법 제정을 위해 노력하고 있습니다. 이 책을 쓸 당시에는 미국 기준, 로드아일랜드, 델라웨어, 뉴저지, 루이지애나주에만 제한된 배송법이 시행되어 앨라배마, 미시시피, 유타, 켄터키주에 사는 사람들에게는 집으로 직접 배송받는 것이 허용되지 않았습니다. 비록 배송이 합법인 주에 살고 있더라도, 많은 온라인 와인 숍들은(아주 선별된 위치로만 배송하는 아마존을 포함하여) 배송을 진행하지 않을 것입니다. 와인 배송이 가능한지 확인한 후에는, 간단히 온라인에서 내추럴 와인을 검색하거나 다음과 같은 내추럴 와인 숍 중 하나에서 구입하세요.

DRYFARMSWINE.COM 내추럴 와인 계의 와인 클럽입니다. 레드 와인, 화이트 와인, 로제... 어떤 와인을 선택하든 여러분이 이 와인을 마음에 들어할 것이라는 자부심과 함께 배송됩니다.

NATURALWINE.COM 구독 없이도 전 세계 모든 카테고리의 훌륭한 와인 제품을 찾을 수 있습니다.

WINE.COM 선택의 폭이 크지는 않지만 가격이 적당하며 할인이나 혜택 등 여러 가지 옵션이 있습니다.

UNROOTEDWINES.COM 여러분을 위해 찾기 힘든 와인이나 아주 흥미로운 내추럴 와인을 구해줍니다.

GOODCLEAN.WINE 뷰티, 헬스, 피트니스 에디터와 피부관리사가 함께 만든 곳으로, 여러분에게 적합한 와인을 바로 집 앞까지 배달합니다.

9월의 와인

 이번 달 와인 시음회에는 레드, 화이트, 로제, 오렌지, 그리고 펫낫(Pét-Nat)이 포함됩니다. 이 다섯 가지를 모두 찾기 어렵다면, 내추럴 와인을 5가지 맛보는 데 집중합니다. 품종이나 생산자가 하나라도 다르다면, 같은 종류의 와인이 두 가지 포함되어도 괜찮다는 뜻입니다. 내추럴 와인의 가격은 병당 $10에서 $50까지 다양합니다. 우리의 목표는 다양한 맛을 보는 것이므로, 와인 숍에서 추천하는 와인이 있다면 그것도 좋습니다. 여러분은 이미 레드, 화이트와 로제 와인이 어떤 것인지 잘 알겠지만, 이번 달에 만날 내추럴 와인을 위해 조금 더 알아둬야 할 것들이 있습니다.

오렌지 와인 ($18~35)

이 와인은 로제와 동일하게 만들어지지만 적포도가 아닌 백포도를 사용합니다. 첨가물을 전혀 사용하지 않고 와인 제조 과정에 최소한의 간섭만 합니다. 오렌지 와인이 최근 들어 새로운 스타일로 주목받고 있지만 적어도 5천 년 동안은 존재해 왔으며, 오스트리아에서 이탈리아, 조지아, 슬로베니아, 남아프리카 공화국 그리고 현재는 미국과 호주에 이르기까지 전 세계에서 생산됩니다.

오렌지 와인은 포도의 줄기, 씨, 껍질과 함께 탱크에서 발효합니다. 화이트 와인 포도 품종으로 만들어지더라도 묵직하고 풍부한 맛과 타닌이 느껴질 수 있고, 신맛이 날 수 있거나 산화(94페이지 참조)될 수 있으며 꿀, 견과류, 살구와 말린 오렌지 향이 납니다. 무엇보다 오렌지, 호박색이 나는데, 이 색조는 포도 씨앗의 기름에 노출되면서 생깁니다. 이 내추럴 와인은 로제와 같이 차갑게 마십니다.

펫낳 vs 샴페인 ($15~25)

페티앙 나튀렐(Pétillant naturel)은 프랑스어로 천연 스파클링 와인이라는 뜻입니다. 이 와인은 요란스럽거나 화려하지 않으며, 일반적으로 탁하고 발효 과정에서 자연적으로 탄산감이 생기는 약간 달콤한 와인입니다. 거품이 풍성한 전통적인 샴페인과 달리 자연적으로 발효된 와인은 거품이 적고 비교적 약한 탄산감이 느껴집니다.

페티앙 나튀렐, 펫낫은 간단히 말해서 샴페인과 몇 가지 점에서 다릅니다. 전통적인 스파클링 와인에 하는, 효모와 설탕을 첨가하는 두 번째 발효 과정이 없습니다. 또한 펑키한 맛에 거품이 많지 않으며 알코올 도수도 높지 않습니다. 모든 내추럴 와인에는 약간의 탄산이 있긴 하지만 한두 번 잔을 돌리면 사라지는 경우가 많습니다. 내추럴 와인이 그런 것처럼, 모든 펫낫 와인을 아우르는 특성이나 규칙은 없습니다. 거품이 많은 펫낫인지 거의 없는 펫낫인지, 마시기 전까지는 알 수 없습니다. 여러분이 익숙하게 생각하는 펑! 하고 터지는 샴페인은 아니랍니다.

와인을 즐길 시간

다음으로 참조할 만한 와인 용어를 준비했지만, 여기에 여러분이 눈으로 보고, 코로 냄새를 맡고, 입으로 맛본 것이 없어도 이상하지 않습니다. 이 와인들은 특정 냄새와 맛을 넘어 생동감 있고, 흥미롭고, 활력이 넘치고, 상쾌하고, 활력이 넘치는 것으로 묘사되고 있습니다. 이번 달은 여러분과 와인 클럽이 얼마나 열린 마음을 가질 수 있는지를 보여주는 증거입니다. 와인을 좀 더 가볍게 받아들일 수 있게 되는 가볍고 상쾌한 달이 될 거에요. 재미있는 한 달 되시기를!

색상 옅은 짚색, 금색, 호박색, 주황색, 분홍색, 탁함, 갈색, 루비, 불그스름함, 보라색

향 펑키, 시큼함, 흰 과일(사과, 배, 시트러스, 복숭아, 파인애플, 바나나 등) 또는 붉은 과일(체리, 블랙베리, 커런트, 블루베리, 딸기, 자두 등), 버섯 또는 흙처럼 스모키하거나 고소한 향, 꿀, 바닐라, 크림, 사탕, 꽃, 허브와 흑후추에서 시나몬까지 다양한 향신료

맛 쓴맛, 톡 쏘는 맛, 시큼털털한 맛, 과일 맛, 미네랄, 매운맛, 신맛, 단맛

바디감 탄산감이 있거나 살짝 톡 쏘는 느낌, 라이트에서 미디엄 정도의 바디감, 흙내음

피니시 한 모금 마시고 속으로 숫자를 세어 봅니다. 3초 후에도 여전히 와인의 느낌이나 맛이 느껴지나요? 이미 사라졌다면 짧은 피니시를 가진 와인입니다. 5초 정도까지는 중간 정도의 피니시, 그리고 이 문단을 다 읽었는데도 여전히 느껴진다면 그 와인은 긴 피니시를 갖고 있는 것입니다.

NATURAL WINES

맛있는 요리를 먹자

이번 달의 메뉴도 우리가 마시는 모든 내추럴 와인만큼 흥미롭습니다. 흙 내음이 나는 버섯부터 상큼하게 톡 쏘는 처트니, 매콤한 해산물까지 이번 달 메뉴는 정말 재미있고 독특한 와인 클럽을 완성할 것입니다. 건배!

스모키 크렘 프레슈를 곁들인 바삭한 버섯	211
망고 처트니 브루스케타	212
페타 치즈, 꿀, 민트를 곁들인 무화과	213
오이 컵 맛살 샐러드	214
코코넛 히비스커스 젤리 크럼펫	215

버섯은 흙내음을 가장 잘 보여주는 식재료로, 흙의 향이 풍부한 와인과 이 에피타이저는 완벽한 궁합을 자랑합니다. 버섯은 수분이 많기 때문에 오븐에 구워 바삭하게 만듭니다.

스모키 크렘 프레슈[5]를 곁들인 바삭한 버섯

12개 분량

버섯 910g, 씻고 잘라서 준비

엑스트라 버진 올리브 오일 2큰술

신선한 타임 잎 1큰술

코셔 소금

마늘 가루 ¾작은술

크렘 프레슈 230g

훈제 핫 파프리카 가루 1작은술

오븐을 230℃로 예열합니다.

베이킹 팬에 그릴망을 올려 놓고, 위에 버섯을 겹치지 않게 펼칩니다. 예열된 오븐에 20분간 굽고, 브로일러 아래로 옮겨 노릇노릇해질 때까지 3~4분 정도 더 굽습니다.

오븐에서 꺼낸 버섯을 볼에 옮긴 후 올리브 오일, 타임, 소금, 마늘 가루를 넣어 버섯이 부서지지 않도록 살살 섞습니다.

작은 볼에 크렘 프레슈, 훈제 파프리카 가루를 섞어 디핑 소스를 만들고 따뜻하게 데운 버섯에 곁들여 냅니다.

---

5 Crème fraiche, 젖산을 첨가해 약간 발효시킨 크림으로 사워 크림과 비슷하나 신맛이 덜하다. 유지방 함량은 약 28%, 프랑스에서는 이 크림을 다양한 클래식 크림 소스에 사용하는데, 특히 노르망디 소스(sauce normande)에 기본으로 쓰인다. [출처: 두산백과]

NATURAL WINES

망고 쳐트니 브루스케타

저는 인도 요리를 참 좋아합니다. 각각의 향신료와 그것들의 향이 따뜻하고 매력적이기 때문입니다. 여러분이 직접 망고 처트니를 만든다면 모두들 그 놀라운 냄새를 따라 부엌으로 몰려들 것입니다. 이 레시피로는 넉넉한 양의 처트니가 나오므로 남은 것은 냉장고에 보관해 두었다가 토스트나 바닐라 아이스크림에 얹어서 즐기면 됩니다.

작은 소스 팬에 올리브 오일을 두르고 중불에 올립니다. 마늘과 생강을 넣고 부드러워질 때까지 2~3분 동안 볶습니다.

깊이가 얕은 다른 냄비에 고수, 커민, 카더멈, 정향, 계피를 넣고 향이 나도록 중불에서 2~4분간 볶습니다.

마늘과 생강이 든 팬에 향신료와 망고 복숭아 프리저브를 넣고 10분동안 천천히 끓입니다. 불에서 내리고, 카더멈은 제거한 후 애플 사이다 비네거를 넣고 식혀 사용합니다.

바게트 조각에 크림 치즈 1작은술을 잘 펴 바르고, 망고 복숭아 처트니 1작은술을 올리면 완성합니다.

15개 조각

올리브 오일 1큰술

간 생강 2작은술

다진 마늘 2작은술

다진 고수 ½작은술

다진 커민 ½작은술

카더멈 6개

간 정향 ¼큰술

간 시나몬 ¼큰술

망고 복숭아 프리저브 250g(1컵)

애플 사이다 비네거 2큰술

크림 치즈 75g(5큰술)

바게트 1개,
15조각으로 잘라서 준비

이 과일, 치즈, 견과류의 조합은 완벽한 한입 간식이 됩니다. 만약 여러분이 도자기 재질 계란 보관용기나 데빌드 에그용 전용 접시를 가지고 있다면 이 속이 꽉 찬 무화과에도 완벽하게 맞을 거예요.

24개 분량

신선한 무화과 24개

페타 치즈 230g, 1.3cm짜리 큐브 24개로 잘라서 준비

잘게 다진 신선한 민트 허브 5g(¼컵)

꿀 85g(1컵)

구운 마카다미아 90g(¾ 컵), 잘게 썰어서 준비

페타 치즈, 꿀, 민트를 결들인 무화과

무화과 꼭지 부분에 십자 칼집 모양을 냅니다. 중간 크기 볼에 페타 치즈와 민트를 넣고 버무립니다. 무화과 하나에 치즈 큐브 하나씩을 넣고 다시 무화과를 봉하듯 눌러줍니다.

꿀은 전자레인지에 10초동안 데워서 부드럽게 농도를 풀어놓습니다. 트레이에 무화과를 올리고 따뜻한 꿀을 뿌린 후. 그 위에 마카다미아를 뿌리고 냅니다.

제가 가장 좋아하는 초밥집에는 우리 가족이 모두 사랑하는 매운 맛살 샐러드 메뉴가 있습니다. 이 요리를 이번 와인 클럽에 재해석해 내놓았는데, 가장 인기가 많았던 요리입니다.

오이 컵 맛살 샐러드

12개 조각 분량

영국 오이 1개, 껍질 벗기고 2cm 크기로 12조각 낸 것

마요네즈 95g(⅓컵과 1큰술 따로)

스리라차 2½큰술

간장 2½큰술

맛술 1½큰술

라임즙 1½큰술

게맛살 280g, 손으로 찢어서 준비

빵가루 15g(¼컵)

잘게 썬 신선한 민트 또는 바질 잎 1큰술

베이킹 팬에 키친 타월을 올립니다. 오이는 수박 스쿱으로 바닥이 남도록 둥그렇게 퍼내 컵을 만듭니다. 만든 오이 컵은 키친 타월 위에 거꾸로 올려 물기를 뺍니다.

중간 크기 그릇에 마요네즈, 스리라차, 간장, 맛술, 라임즙을 잘 섞은 다음 찢은 맛살을 넣습니다.

맛살 샐러드를 오이 컵에 넣고 위에 빵가루와 잘게 썬 신선한 허브를 얹어 완성합니다. 차갑게 식혀 보관했다가 냅니다.

맛살 샐러드는 모임 이틀 전에 오이 컵에 넣어 두었다가, 먹는 날에 빵가루, 허브를 뿌려 완성하면 됩니다.

케이크를 굽는 것은 어려워
보일 수 있지만,
몇 가지 시판 재료들을 사용하면
매우 쉽습니다.
손님들이 감탄할 만한
테이블 장식도 됩니다.

코코넛 히비스커스 젤리 크림펠

20인분

코코넛 케이크 믹스 시판용 1박스
(430~455g, Note 참고)

물 240g(1컵)

히비스커스 티백 3개

설탕 200g(1컵)

신선한 레몬즙 1큰술

슈어 젤 펙틴 3큰술

생크림 300ml(1¼컵)

가당 코코넛 크림 60ml(¼컵)

무가당 채 썬 코코넛 80g(1컵)

Note: 박스형 코코넛 케이크 믹스를 찾을 수 없는 경우 박스형 화이트 케이크 믹스로 대체할 수 있는데, 이 경우 물 대신 코코넛 밀크를 사용하고 사워 크림 240g(1컵)을 추가합니다.

케이크를 23x33cm 팬에 올리고, 포장지의 설명서에 따라 굽습니다. 오븐에서 꺼내고 완전히 식혀 베이킹 시트로 옮긴 후, 최소 1시간에서 하룻밤동안 얼립니다.

작은 소스 팬에 물 240ml(1컵)을 넣고 센불에 끓입니다. 불을 끄고 티백을 넣어 10분간 우려내고, 티백은 꺼내 버립니다. 설탕, 레몬즙, 펙틴을 넣고 104℃가 될 때까지 약 5분간 완전히 끓입니다. 불을 끄고, 실온에서 식힌 다음 냉장고에 보관합니다.

중간 크기 볼에 코코넛 크림과 생크림을 넣고 뿔이 서도록 휘핑을 칩니다.

큰 프라이팬에 기름 없이 코코넛을 굽습니다. 타지 않게 자주 저어 가면서 굽고, 불에서 내려 따로 둡니다.

냉동고에서 케이크를 꺼내어 가장자리를 깔끔하게 잘라 직사각형 모양으로 만듭니다. 페이스트리 브러시를 사용하여 케이크 위에 히비스커스 젤리를 골고루 펴 바릅니다(젤리를 다 쓰지 않아도 됩니다). 생크림을 위에 펴 바르고 코코넛을 뿌립니다. 큰 접시에 담아 내거나 작은 사각형으로 잘라서 냅니다.

OCTOBER
10

헌크림을 넣어 두고 본격적인 가을 나들이 옷을 찾기 위해 옷장을 뒤지기 시작할 즈음, 저를 꾸며주는 가장 완벽한 액세서리는 흙이 풍부하고 잼 같은, 묵직한 이 레드 와인입니다. 본격적으로 포근한 스웨터와 두터운 청바지의 계절이 다가왔으니 진판델을 꺼내어 건배해 봅시다.

진판델 알아가기

진판델은 짧게 줄여서 '진'이라고도 부릅니다. 그리고 여기서 진이라고 말할 때는 레드 진판델을 말하는 것이니 화이트 진판델과 혼동하지 않길 바랍니다. 진은 종종 미국 포도라고 불리지만 정확히 미국이 원산지인 건 아닙니다. 어떻게 진이 캘리포니아로 왔는지는 약간 미스테리입니다. 오랫동안 와인 전문가들은 이 포도가 이탈리아의 프리미티보 포도와 동일하다고 생각했지만 최근 밝혀진 바에 따르면 이 두 포도는 사촌에 불과합니다. 몇몇 와인 과학자들이 DNA 분석을 통해 추적한 결과, 진판델 포도가 사실 크로아티아산 체를레나크 카스텔란스키(Crljenak Kaštelanski)라고 불리는 포도라는 것을 알아냈습니다.

출신지는 그렇더라도, 이 포도를 캘리포니아에 심은 건 19세기 중반 이탈리아 이민자들입니다. 광부들이 푸짐하고 풍부한 쿼퍼[1]를 찾고 있던 골드 러시[2] 시절, 진판델의 인기가 치솟았거든요.

수십 년 동안 진판델은 블렌딩이나 저렴한 대용량 저그(Jug) 와인에 사용되었습니다. 레드 진판델과 화이트 진판델은 상당히 다른데, 레드는 묵직하고 잼 같은 풍미를 지닌 진중한 와인이며, 화이트는 달콤한 핑크빛이 돌고 따뜻한 날씨에 어울리는 가벼운 와인입니다. 하지만 화이트 진판델이 없었다면, 이렇게 훌륭한 레드 진판델도 많아지지 않았을 것입니다. 진판델을 기반으로 한 블렌딩과 저그 와인의 유행이 지나간 후, 캘리포니아 와인 생산자들은 카베르네 소비뇽과 메를로 같이 떠오르는 품종을 경쟁하듯 심으며 진판델 포도를 거의 없애려 들었습니다. 감사하게도 화이트 진판델이 등장하면서, 이 모든 소란이 멈췄죠.

화이트 진판델의 열풍이 잦아들면서, 진을 재배하는 와인 생산자들은 점점 레드 진판델을 심기 시작했습니다. 그 포도를 보관해 두기를 잘 했죠! 최근 진판델 와인은 점점 더 비싸지고, 이렇게 번 돈으로 와인 생산자들은 포도에 투자합니다. 그래도 걱정하지 마세요. 여전히 좋은 와인을 괜찮은 가격에 구매할 수 있습니다.

---

1 평범한 와인으로 음미하기보다 벌컥벌컥 마시는 용도의 와인 [출처: 와인21 용어사전]

2 (편집자 주) 캘리포니아 골드 러시(California Gold Rush, 1848~1855). 1848년 제임스 W. 마셜이 캘리포니아의 준주 콜로마의 슈터 밀에서 금을 발견하면서 시작된 시기이다. 이 소식이 확산되면서 미국은 물론이고 해외 각지에서 약 30만 명의 인구가 유입되었다. 이 사람들이 모두 금을 찾아 부자가 될 수는 없었지만, 사람들이 모여들면서 작은 도시였던 캘리포니아와 샌프란시스코가 급성장하였다.

진판델, 홀로 서다

미국의 메를로와 카베르네 소비뇽은 종종 프랑스 보르도 와인과 어깨를 맞대고, 피노 누아는 종종 고귀한 부르고뉴와 비교됩니다. 그런데 진의 큰 장점은 구대륙의 어떤 것도 모방하거나 열망하지 않는다는 것이죠. 사실 남아프리카와 호주에서 재배하고 있긴 하지만, 캘리포니아 외 지역에서는 진판델을 굳이 다루려는 와인 생산자가 거의 없습니다.

이 와인에는 신선한 과일 맛이 나는데, 막상 사람들이 열광하는 것은 깊고 더 대담한 스타일입니다. 다른 와인 맛을 시도하기 싫어하는 심약한 사람들을 위한 것은 아니죠. 진판델은 잘 익은 자두 같은 강렬한 과일맛이 폭발적으로 피어오르고, 후추가 한 방 치고 가는 듯한 느낌도 듭니다.

또한 진을 마시는 사람은 특별한 와인 애호가라는 것도 알게 될 것입니다. 와인을 많이 마시는 사람들은 습관처럼 메를로나 카베르네 소비뇽, 또는 샤르도네를 선호합니다. 선호하는 품종이 당연히 있겠지만, 이 와인들은 대부분 큰 걱정 없이 바꿔가며 마실 수 있거든요. 하지만 진판델 매니아들은 그렇지 않습니다. 진판델의 열성팬은 (알아보기도 쉬운데, 진판델은 다른 와인과 달리 입술과 치아에 얼룩을 남깁니다) 이 반항적인 포도에는 광적인 추종을 하게 하는 무언가가 있으며 이번 달에는 독자 여러분도 이 대열에 합류하게 될지 모릅니다.

올드 바인

진은 따뜻한 기후를 좋아하지만 완전 더운 기후를 좋아하는 것은 아닙니다. 바로 이게 이 포도가 미국 캘리포니아를 좋아하는 이유죠. 멘도치노(Mendocino)와 레이크 카운티(Lake County), 시에라 풋힐즈(Sierra Foothills), 나파 밸리(Napa Valley), 센트럴 코스트(Central Coast), 센트럴 밸리(Central Valley), 베이 지역(Bay Area, 샌프란시스코), 남부 캘리포니아 등 여러 캘리포니아 지역에서 재배되고 있지만 그중에서도 이 포도가 자라기에 최고의 지역 중 하나로 입증된 곳은 소노마 카운티(Sonoma County)입니다. 남쪽으로는 로디(Lodi)가 있으며 이 지역에서 세계 최고의 진이 생산됩니다.

10 ZINFANDEL

진판델을 구입할 때, 라벨에 올드 바인(Old Vines)이 눈에 띄게 표시된 병을 우연히 보게 될 때가 있습니다. 이는 와인이 최소 50년 된 포도나무에 달린 포도로 생산된다는 것을 의미하고, 때로는 심지어 100년이 넘은 것도 있습니다. 포도의 크기가 작은 대신[3] 풍미가 풍부해서 무겁고 진한 와인을 만듭니다. 짐작하셨겠지만 이번 달 시음회에서는 올드 바인 진이 필수품이므로 꼭 준비하시길 바랍니다.

---

3 (역주) 포도나무가 오래될수록 생산되는 포도의 크기가 작아진다.

와인 용어

베이비 진스(Baby Zins) 더 가벼운 스타일로, 알코올 도수도 낮습니다.

씹히는 듯하다(chewy) 무겁고 육질적인 레드 와인을 설명할 때 사용하는 표현입니다. 진은 아주 무거운 바디감과 높은 알코올 도수, 풍부한 과일 향을 가진 와인으로, 마시는 것이 아니라 '먹을' 수 있을 것처럼 느껴집니다. 또는 '포크로 찍어 마실 수 있다'라고 말하고 싶네요.

과일 폭탄(fruit bomb) 와인 전문가들이 과일 향이 강한 와인을 묘사할 때 종종 비난조로 사용하는 용어입니다. 대담하고 아주 진한 잼 느낌이 나는 진판델은 가끔 이런 평을 듣습니다. 하지만 여러분이 좋아한다면, 그냥 즐기면 됩니다.

뜨겁다(hot) 알코올 맛이 아주 강하고 과일 맛과 균형이 맞지 않아 입과 목에 타는 듯한 느낌을 주는 와인을 설명할 때 사용합니다.

잼 같다(jammy) 잘 익은 과일 향이 매우 농축된 와인을 설명할 때 사용합니다.

몬스터 진(Monster Zins) 무거운 와인입니다. 풀 바디에 풍부하며 알코올 도수가 때로는 17%에 달할 만큼 높습니다.

와인에 소금을 넣었을 때의 변화

와인에 대해 배울 때면, 많은 와인 '전문가'가 인터넷에서 찾을 수 있는 정보를 그대로, 똑같이 말하는 것을 접하게 될 것입니다. 하지만 여러분이 정말 도움이 되는, 완전히 역동적인 무언가를 가진 사람을 만나면 여러분은 결코 잊지 못할 것입니다. 제가 캘리포니아의 와인 생산자 랜달 그램(Randall Grahm)을 만나 인터뷰했을 때가 바로 그런 경우였습니다.

점심 식사 도중, 그는 저에게 테루아에 대해 가르쳐 주겠다며 그의 옷자락 소매에서(비유가 아닙니다) 몇 가지 '요령'을 꺼냈습니다. 랜달이 레드 와인 한 잔을 따라 주어서 우리 일행은 잔을 돌리고 냄새도 맡고, 즐겁게 마시고 있었습니다. 그가 우리 잔에 뭔가를 뿌리고, 다시 마셔보라고 권했죠.

아주 작은 무언가를 넣었을 뿐인데. 다시 한 모금 마셨을 때 와인에 뭔가 확실한 차이가 있었습니다. 알고 보니 그저 평범한 소금이었는데, 와인에 넣자 입안의 느낌과 미각의 타닌 구조가 달라졌습니다. 랜달은 이 작은 요령으로 토양에 나트륨 함량이 높으면 와인의 최종 맛이 완전히 달라질 수 있다는 것을 각인시켜 주었습니다. 나트륨은 거친 타닌을 변화시키고 훨씬 더 긴 여운을 남기는데, 이게 바로 구대륙 와인 테루아의 특징입니다.

약간의 재미를 위해 무겁고 타닌이 강한 미국의 레드 진판델 한 잔을 그냥 마시고, 다음에는 소금을 넣어서 타닌에 눈에 띄는 변화가 있는지 확인해 보세요. 여러분의 신대륙 와인에서 좀 구대륙 느낌이 나나요? 나트륨은 테루아에 영향을 미치는 많은 요소 중 하나일 뿐입니다. 이 간단한 실험은 하나의 작은 요소가 이번 달의 시음회를 어떻게 바꿀 수 있는지 빠르게 보여줍니다.

10월의 와인

솔직히 캘리포니아의 진판델은 항상 우승자나 마찬가지라서, 이 시음회 때문에 일부러 캘리포니아를 벗어날 필요는 없습니다. 게다가 여러분은 이미 테루아가 나라마다, 와인에 따라 어떻게 다르게 나타나는지 충분히 알고 있죠. 이제는 여러분이 같은 주, 심지어는 한 카운티의 특정 지역에서 자란 와인들의 차이점을 알아낼 수 있을지 알아보는 시간을 가지겠습니다. 이번 달에는 여러분에게 옵션을 몇 가지 드리겠습니다.

드라이 크릭 밸리(Dry Creek Valley) ($24~35)

여러분은 이 지역에서 생산된 많은 올드 바인 진 중 하나를 골라야 합니다. 올드 바인 진은 과일 풍미가 풍부하고 탄닌이 더 부드러우며, 입안을 가득 채우는 맛을 보여줍니다. 때로는 시럽처럼 느껴지거나 아주 강한 풀 바디이기도 합니다.

러시안 리버 밸리 또는 알렉산더 밸리(Russian River Valley or Alexander Valley) ($14~25)

이 지역들은 비교적 시원해서, 진판델의 알코올 도수가 낮고 산도가 높은 경향이 있습니다. 라이트한 바디감에 농축감이 덜합니다.

센트럴 밸리, 로디(Central Valley, Lodi) ($14~18)

로디 지역은 풍부한 과즙미와 묵직한 풍미를 지닌 진판델의 주요 산지로 균형 잡힌 탄닌을 자랑합니다.

나파 밸리(Napa Valley) ($14~25)

이 지역은 더 작은 포도를 재배하기에 이상적인 곳이지요. 즉 와인에 더 농축된 맛이 납니다.

쎈트럴 코스트, 파소 로블레스(Paso Robles, Central Coast)　($13~15)

와인 숍 사장님에게 알코올 도수가 12~13%로 낮은 '클라레(Claret) 스타일[4]' 진판델을 추천해 달라고 요청해 보세요. 진판델의 가벼운 면을 만날 수 있을 겁니다.

쓰파이: 이탈리아, 프리미티보(Primitivo from Italy)　($10~15)

이 와인은 인기가 많지 않기 때문에 와인 숍에서 찾기 어려울 것입니다. 좋은 소식은 일반적으로 캘리포니아 진판델보다 저렴하다는 것인데, 보통 $15 이하, 때로는 $10 이하의 와인도 찾을 수 있습니다. 그러니 만약 여러분이 프리미티보를 더 좋아하게 된다면 운이 좋은 거지요. 이 와인의 색상 범위나 맛 프로필은 진판델과 같고, 가장 큰 차이점은 구대륙과 신대륙의 차이입니다. 프리미티보는 구대륙의 매력을 가지고 있어야 하며 무겁고 대담한 과일, 향신료와 함께 약간의 테루아와 미네랄 층을 보입니다. 알코올 도수는 당연히 높은 편이지만, 일부 신대륙 스타일처럼 15%를 훌쩍 넘는 수준은 아닙니다.

4　맑은 색의 가벼운 레드 와인 [출처: 와인21 용어사전]

와인을 즐길 시간

여러분이 진판델을 좋아할지 알아볼 준비가 되셨나요? 이번 시음회는 강렬하고 과일 풍미로 가득한 시간이 될 겁니다. 이번 시음회 라인은 모두 신대륙 와인이라 생산자에 따라 스타일이 매우 달라지므로, 특정 스타일을 찾고 있다면 와인 숍 사장님에게 도움을 요청하세요.

온도와 시간

카베르네 소비뇽이나 다른 풀 바디의 레드 와인처럼 마찬가지로 무게감 있는 진판델은 17.2~19°C 사이에서 제공되어야 하지만, 그냥 실온(여기서 실온이라는 건 뜨거운 주방의 온도가 아니라 서늘한 지하실 온도라는 게 변수죠)에 마셔도 됩니다. 하지만 신선하고 과일 맛이 나는 더 라이트한 바디감의 진판델은 더 시원해도 맛이 좋으니, 코르크를 따기 전 잠시 차게 식혀도 좋습니다. 지금 마시려는 진판델이 라이트 바디인지 어떻게 아냐고요? 라벨을 보세요. 모든 라벨에 써 있는 알코올 도수는 많은 의미를 갖고 있습니다. 알코올 도수 14%를 기준으로, 그 이상은 무겁고 이하의 진판델은 라이트하다고 봅니다.

진을 숙성시키는 건 일반적으로 필요 없는 일입니다. 이 와인은 3~5년 이내에 즐겨야 합니다. 그렇지 않으면 시그니처인 감미로운 과일의 향과 맛을 잃어버릴 것이고 '뜨겁게' 변하게 될 것입니다(223페이지 참조).

색상 진판델은 한눈에 알아차리기 쉽습니다. 레드 와인을 적포도로 만든다는 것은 이제 모두가 알고 있겠지만, 진판델용 품종은 검은색에 더 가깝거든요. 그리고 진판델이야말로 '흑'포도로 만든 와인이 얼마나 깊고 진한지 보여주는 대표작이죠. 진판델의 색 범위는 진한 루비 레드부터 자두와 닮은 어두운 보라색까지입니다. 특정 조명에서는 검은색으로까지 보입니다.

향 진은 일반적으로 무겁고 잘 익은 농축된 과일 맛이 나는데, 이게 바로 이 와인이 종종 '잼 같다'고 묘사되는 이유입니다. 라즈베리, 블루베리, 블랙베리, 체리의 향을 맡을 수 있습니다. 때로 스파이시하기도 한데, 블랙페퍼와 육두구 향이 흔합니다. 우리가 지금 캘리포니아 와인에 대해 이야기하고 있으니, 오크통이 등장할 거라는 걸 짐작할 수 있겠지요. 잔에 따랐을 때 오크에서 온 바닐라 향과 스모크, 삼나무 향을 맡을 수 있습니다. 이러한 '잼 같은' 향을 더 잘 기억할 수 있도록, 위에 나열한 베리류의 과일 잼을 작은 라미킨 그릇에 담아 와인과 함께 제공하고, 비교해가며 냄새를 맡아 봅니다.

맛 진의 맛은 과일부터 향신료까지 다양하기 때문에, 진한 체리와 매운 후추 맛을 좋아한다면 진도 분명 마음에 드실 겁니다. 일반적으로 즙이 풍부한 과일 맛에는 블루베리부터 무화과까지 모든 것이 포함될 수 있습니다. 물론 초콜릿도 있어서 흑설탕의 단맛을 느낄 수도 있습니다. 또한 진판델에서는 약간 씁쓸한 맛이 날 수 있고, 테루아에 따라 미네랄을 맛볼 수도 있습니다. 알코올 도수가 높은 진은 '뜨거운' 느낌이 날 수 있으며 조금은 건포도 같은 맛을 보여주기도 합니다. 무거운 과일 맛보다 겹겹이 쌓인 풍미가 느껴진다면 올드 바인 진일 가능성이 높습니다.

바디감 진은 부드럽고 가볍게 마실 수 있는 것부터 아주 묵직한 와인까지 다양합니다. 일부 진 생산자는 묵직한 것이 낫다는 주의로 알코올 도수가 17%(대부분의 레드 와인은 14%, 보통 무거운 카베르네 소비뇽이 최고치)에 달하는 와인을 만듭니다. 이런 진은 바디감이 아주 무겁죠. 타닌은 부드러운 것부터 강한 느낌까지 다양합니다.

피니시 무거운 레드 와인은 믿을 수 없을 정도로 긴 피니시를 주긴 하지만, 더 부드러운 스타일의 와인은 더 편안한 피니시를 줍니다.

진판델

10월의 요리

Zinfandel

맛있는 요리를 먹자

진은 타닌이 적고 과일 맛이 강한 편이라 식사 자리에서 생각보다 다양하게 활용될 수 있습니다. 강한 풍미는 염소 치즈처럼 톡 쏘는 치즈와 잘 어울리고, 절인 육류와도 잘 어울립니다. 여기서 소개할 레시피로 요리하는 것 대신에 샤퀴테리 플래터를 곁들이는 것도 완벽한 조합이 될 것입니다.

따뜻하고 매콤한 올리브	232
염소 치즈와 구운 포도 크로스티니	233
살라미, 얇게 썬 펜넬, 아르굴라, 시저 마요 샌드위치	234
초콜릿 캐러멜 바나나 바이트	235

ZINFANDEL

크고 짭짤한 올리브는 마티니 칵테일에만 사용하는 것이 아닙니다. 저는 마트에 파는 델리 믹스를 사용하는 것을 좋아하지만, 병에 든 올리브라면 브랜드 상관없이 사용할 수 있습니다.

따뜻하고 매콤한 올리브

12~14인분

혼합 올리브 320g(2컵)
엑스트라 버진 올리브 오일 1큰술
오렌지 제스트 1작은술
레몬 제스트 1작은술
페타 치즈 큐브 60g(½컵)
레드 페퍼 플레이크 ¼작은술
(선택사항)

전자레인지용 그릇에 올리브, 올리브 오일, 오렌지 제스트, 레몬 제스트를 잘 섞은 후 전자레인지에서 1분간 데웁니다. 만약 올리브가 냉장고에서 막 꺼내 차갑다면 데우는 데 20초 정도 더 걸릴 수 있습니다.

페타 치즈 큐브와 페퍼 플레이크를 넣어 섞은 후 따뜻할 때 냅니다.

나의 절친한 친구이자 음식 애호가인 바네사가 알려준 레시피입니다. 처음엔 포도를 굽는다는 게 이상했지만, 바네사가 옳았어요. 이번 달 와인 클럽에서 이 달콤하고 고소한 크로스티니[5]를 맛보면 알게 될 것입니다.

염소 치즈와 구운 포도 크로스티니

24조각

씨없는 포도 680g,
청포도와 적포도 믹스,
흑포도는 구할 수 있다면 포함,
꼭지를 떼서 준비

발사믹 식초 2큰술

타임 허브 줄기 4개,
가니시 용으로 다져서 조금 더 준비

엑스트라 버진 올리브 오일
75ml(5큰술)

바게트 2개, 13mm 크기로
대략 24개로 잘라서 준비

염소 치즈 210g(1¼컵),
실온에 먼저 내놓음

레몬즙(1개 분량)

레몬 제스트 1큰술, 가니시용

꿀, 뿌리는 용

오븐을 200℃로 예열하고 베이킹 팬에 종이 포일을 올립니다.

준비된 베이킹 팬 위에 포도, 발사믹 식초, 타임 줄기, 올리브 오일 3큰술을 넣고 잘 섞습니다. 소금, 후추를 뿌리고 간하여 코팅하는데, 포도가 너무 뭉치면 베이킹 팬을 두 개로 나눕니다. 포도가 부드러워지고 껍질이 갈라질 때까지 대략 15분 굽습니다.

바게트 조각에 남은 올리브 오일 2큰술을 바르고, 베이킹 팬에 올려 오븐에서 노릇노릇하고 바삭해지도록 대략 8분 굽습니다. 작은 볼에 염소 치즈, 레몬즙, 레몬 제스트를 섞습니다.

만들어둔 염소 치즈 스프레드를 구운 바게트 빵에 바르고, 구운 포도를 올립니다. 꿀과 레몬 제스트, 소금을 뿌리고 다진 타임을 뿌려 장식합니다.

---

[5] (편집자 주) 작은 크기의 빵을 바삭하게 구워서 갖가지 토핑을 올려 만든 이탈리아 전채요리. 이탈리아어로 '작은 크러스트(little crusts)'라는 뜻이다.

제가 가장 좋아하는 이탈리안 살라미 샌드위치를 재해석했습니다. 펜넬을 얇게 썰면 향긋한 냄새가 더해지고, 시저 맛 마요네즈로 전체의 풍미를 더하면 행복할 정도로 맛있어집니다. 저는 보통 바게트 샌드위치를 통으로 나무 도마 위에 올려서 내는 걸 좋아합니다.

살라미, 얇게 썬 펜넬, 아르굴라, 시저 마요 샌드위치

푸드 프로세서에 마요네즈, 마늘, 레몬즙, 머스타드, 엔초비, 치즈를 넣고 30초 동안 갑니다. 혼합물을 고무 주걱으로 긁어 잘 정리하고, 모든 재료들이 고르게 섞일 때까지 몇 번 더 짧게 작동합니다.

치아바타 빵의 양쪽 자른 면에 마요네즈 소스를 아낌없이 펴 바릅니다(소스는 다 사용하지 않아도 됩니다). 아래쪽 빵에는 아르굴라를 한 겹 올리고, 살라미와 치즈, 회향을 순서대로 올린 다음 흑후추를 뿌리고 나머지 반쪽을 덮습니다.

나무 도마 위에 올린 다음 10~12개 조각으로 자릅니다.

10~12개 분량

마요네즈 120g(½컵)

으깬 마늘 2쪽

신선한 레몬즙 1큰술

디종 머스타드 2작은술

엔초비 필레 2개

파르미지아노 레지아노 치즈 50g(½컵)

치아바타 빵 1개, 길게 잘라서 준비

아르굴라 20g(1컵)

얇게 자른 살라미 230g

슬라이스된 폰티나 치즈 또는 프로볼로네 치즈 230g

중간 크기 펜넬 1개, 속을 파내고 얇게 썰어 준비

갓 간 흑후추

터크스 케이커스 제도를 여행할 때 바노피를 처음 맛보았는데, 놀랍게도 웃긴 이름이라고 생각한 이 파이를 먹으러 다시 돌아갔습니다. 바나나, 둘세 데 레체(dulce de leche), 초콜릿 부스러기의 조합은 모든 디저트가 그렇듯 죄책감이 들기도 하죠. 이 작은 주머니 모양 파이들은 처음 먹었던 그 파이를 연상시킵니다.

초콜릿 캐러멜 바나나 바이트

12~14개 분량

시판 냉장 파이 반죽 1박스(2롤, 400g), 실온에 미리 꺼내 준비

바나나 1개, 잘라서 준비

롤로(Rolo) 2팩(48g짜리)

오븐을 190℃로 예열하고 베이킹 팬에 종이 포일을 올립니다.

파이 반죽을 넓게 펴고 7.5cm짜리 원형 쿠키 커터를 사용하여 12개를 찍어 냅니다. 남은 파이 반죽을 모아서 다시 반죽하고 굴리고 다시 찍어 내면서 가능한 많이 찍어내면, 최대 대략 14장까지 만들어집니다. 각 파이 중앙에 바나나 한 조각을 올리고 롤로[6]도 하나 얹은 다음, 파이 반죽을 위로 당겨 꼬집어서 작은 주머니 모양을 만듭니다. 꽉 꼬집어서 닫습니다.

준비된 베이킹 팬에 만들어둔 파이를 올리고 황금빛 갈색이 될 때까지 약 20~25분 굽습니다. 따뜻하게 내거나 실온에 두어도 좋습니다.

---

[6] (역주) 미국의 초콜릿 과자. 초콜릿과 카라멜이 들어 있다. 스니커즈 초콜릿을 작게 잘라 내체할 수 있다.

NOVEMBER
11

피노 누아(pee-noh nwahr라고 발음하죠)를 처음 마셔본 사람들은 조금 당황할 수 있습니다. 지금까지 와인 클럽에서 카베르네 소비뇽과 시라 같은 감미로운 과일 향의 레드 와인만 마셨다면, 이 와인은 여러분을 놀라게 할지도 모릅니다. 아니면 꿈에 그리던 와인일 수도 있죠.

피노 누아 알아가기

피노 누아를 사랑하게 된 모든 사람들은 저마다의 이야기를 가지고 있습니다. 피노 누아를 사랑하려면 한 병 맛보는 것으로는 부족하고, 사실 다섯 병쯤 마셔도 어려울지 모릅니다. 그러나 어느 순간 진짜 훌륭한 피노 누아 와인을 만났을 때, 여러분이 와인을 사랑하는 마음을 흔들어 놓을 수도 있습니다.

물론, 그러지 않을 수도 있죠. 진판델, 카베르네 소비뇽, 샤르도네를 전혀 마시지 않는 와인 애호가가 있듯이, 피노 누아를 절대 마시지 않는 와인 애호가도 있습니다. 하지만 우리 모두가 같은 와인을 좋아한다면 와인이라는 것이 재미없겠죠?

훌륭한 피노 누아를 향한 여정을 떠날 준비가 되어 있는 분들을 위해 몇 가지 팁을 알려드리겠습니다.

1. 핵심은 부르고뉴입니다.
2. 피노 누아의 매력은 이해하기 어렵습니다.
3. 피노 누아는 음식과 아주 잘 어울립니다.

2,000년 이상 프랑스에서 재배되어 온 피노 누아는 세계적으로 유명한 와인 재배 지역의 포도 품종으로 종종 '부르고뉴의 고귀한 포도'라고 불립니다. 즉 와인이 붉은색이고 부르고뉴에서 온 것이라면 그 포도는 거의 예외 없이 피노 누아라고 할 수 있습니다.

피노 누아는 키우기 쉽지 않은 품종입니다. 서늘한 기후가 필요하지만 유난히 껍질이 얇기 때문에 너무 추운 곳에서는 쉽게 썩을 수 있습니다. 피노 누아 포도는 와인을 만드는 과정에서도 각별한 주의가 필요하고, 심지어 보관도 조심해서 해야 합니다. 이 모든 조건들이 피노 누아를 비싸게 만들죠. 그러나 대부분의 와인과 마찬가지로 조금만 찾아보면 맛있고 저렴한 피노 누아를 발견할 수 있습니다.

이 포도는 부르고뉴 밖에서 재배하기가 아주 어렵지만, 그럼에도 불구하고 더 우수한 피노 누아를 생산하는 것은 전 세계 와인 생산자들에게 꿈이 되었고 일부는 성공해냈습니다. 부르고뉴 외에 피노 누아가 가장 잘 구현되는 곳은 미국 북서부, 특히 오리건주, 그리고 윌라멧 밸리입니다. 피노 누아는 오리건주를 와인 생산지로 이름 날리게 했지요.

캘리포니아의 피노 누아는 재배되는 전체 포도의 5~10%에 불과합니다. 그럼에도 카네로스(Carneros), 소노마 코스트(Sonoma Coast), 러시안 리버 밸리(Russian River Valley) 그리고 산타 루치아 하이랜드(Santa Lucia Highlands)는 피노 누아의 명산지로 유명합니다.

피노 누아의 매력에 흠뻑 빠져 보자

피노 누아는 부르고뉴 전역에서 재배되지만, 진정한 스타들은 그중에도 길이 약 48km, 폭 0.8km의 땅인 코트-도르(Côte-d'or)에서 옵니다. 코트-도르는 두 개의 하위 지역으로 나누어지는데, 남쪽의 코트 드 본(Côte de Beaune)으로 샤르도네로 유명하고, 북쪽의 코트 드 뉘(Côte de Nuits)는 피노 누아의 천국입니다. 이 숨막힐 정도로 아름다운 포도밭에는 쥬브레 샹베르탱(Gevrey-Chambertin), 모레 생 드니(Morey-Saint-Denis), 뉘 생 조르주(Nuits-Saint-Georges), 샹볼 뮈지니(Chambolle-Musigny), 부조(Vougeot), 본 로마네(Vosne-Romanée) 등 전 세계적으로 유명한 와인 생산 마을이 점점 자리잡고 있습니다.

이쯤되면 부르고뉴산의 좋은 피노 누아 한 병을 구해야 할 때, 이 유명한 마을에서 만든 걸 골라잡으면 되겠다고 생각하시겠지요?

음, 사실 그게 그렇게 간단하지 않습니다.

이 변덕스러운 포도송이는 아무리 세계적으로 유명한 포도밭에서 재배되어도 항상 훌륭한 와인을 생산해내지는 않습니다. 불행하게도, 피노 누아는 '가슴 아픈 포도'라는 명성을 갖고 있습니다. 재배하는 사람에게도 가슴 아픈 일이지만 와인 애호가에게도 가슴 아픈 것이, 상당한 돈을 지불한 프리미어 크뤼 와인에 완전히 실망할 수도 있거든요(크룩스 오브 크뤼, 241페이지 참조). 또 어떤 날에는 $15도 안 되는 단순한 부르고뉴에 걸어 보았다가, 뜻밖의 성과에 열광하기도 합니다.

남아프리카 공화국에서는 놀라운 와인들이 만들어지지만 우리가 구매하기는 쉽지 않습니다. 그래도 도전해 보고 싶다면, 이번 달에는 피노 누아에 대해 이야기하고 있으므로 피노타주(Pinotage)를 찾아 보시길 바랍니다. 남아프리카 공화국의 이 포도는 피노 누아와 또 다른 포도인 생소(Cinsault)의 교배종입니다.

섬세한 피노 누아보다 육질이 많이 느껴지는 레드 와인으로 크고 쫄깃하며 가장 무거운 레드 와인 중 하나입니다. 짙고 검붉은 과즙에는 블랙베리와 건포도가 가득합니다. 소심해서 새로운 와인을 어려워하는 사람들을 위한 와인은 아닙니다. 케이프(Cape), 스텔렌보스(Stellen-bosch) 또는 팔(Paarl) 지역의 와인을 찾아 보세요.

블렌딩하거나 하지 않거나

부르고뉴를 블렌딩하는 건 물어볼 것도 없습니다. 대답은 무조건 '아니오'입니다. 보르도 최고급 와인들이 다른 포도들을 블렌딩한 반면, 화이트 부르고뉴(샤르도네)와 레드 부르고뉴(피노 누아)는 절대 블렌딩하지 않습니다. 음, 적어도 최고의 와인들은 한 품종에 100% 충실합니다. 레드 부르고뉴는 피노 누아와 동의어이고 화이트 부르고뉴는 100% 샤르도네입니다. 다음 와인 클럽에서 이런 설명들을 언급하면 진정한 와인 전문가처럼 보일 수 있을 거예요.

크록스 오브 크뤼

부르고뉴 와인의 품질 순위를 이해하는 것은 베테랑 와인 애호가들에게도 꽤 어려운 일입니다. 다음은 가장 낮은 등급부터 가장 높은 등급까지 분류에 대한 대략적인 가이드입니다. 순위가 올라갈수록 포도가 더 작고 잘 정제된 밭에서 생산되고, 이는 당연히 공급이 제한되어 있기 때문에 가격도 덩달아 올라갑니다. 꼭 외울 필요는 없지만 지갑 사정이 걱정된다면 한 번쯤 확인해 볼 가치가 있습니다.

부르고뉴 루즈(Bourgogne Rouge) 간단하고 기본적인 지역 와인으로, 보통 부르고뉴 전역의 다양한 포도들로 블렌딩해 만듭니다. 라벨에 '부르고뉴(Bourgogne)'나 '뱅 드 부르고뉴(Vin de Bourgogne)'라고 표기되어 있습니다.

빌라주(Village Wine) 이 와인들은 특정 마을과 그 주변에서 재배된 포도만으로 만들어집니다. 마을의 이름이 라벨에 표기됩니다.

프리미어 크뤼(Premier Cru) 첫 번째 성장이라는 뜻으로 특정 포도밭에서 재배된 포도로만 만들어집니다. 라벨에는 마을 이름과 포도밭 이름이 표시됩니다.

그랑 크뤼(Grand Cru) 대성장이라는 뜻으로 부르고뉴의 가장 높은 등급의 포도밭에서 재배된 포도로만 만들어집니다. 라벨에는 마을이 아닌 포도밭의 이름만 표시됩니다. 부르고뉴 전체 생산량의 2%만을 차지하는 매우 희귀한 와인입니다.

헛간의 포도(Vin de Barnyard)

모든 포도 품종 가운데 피노 누아만큼 풍미를 일반화하기 어려운 품종도 없습니다. 재배되는 곳의 테루아의 특성을 너무도 투명하게 드러내기 때문이죠.

사실 피노 누아는 종종 밝은 붉은 과일, 버섯 및 특정 향신료의 향과 풍미를 갖고 있는 것으로 묘사되지만 피노 누아에 대해 이야기할 때 딱 떠오르는 것은 음식이 아닌 다른 설명입니다. 일부 프랑스산 피노 누아는 헛간(barnyard)의 향기가 난다고 알려져 있습니다. 네, 그렇습니다. 젖은 건초, 말, 텃밭의 거름 냄새가 나죠. 가구 광택제 같은 소나무나 수지 향이 나기도 합니다. 이런 향에 더해 시큼하고 쌉쌀한 맛으로 입안을 뻑뻑하게 만드는 펑키한 와인입니다.

하지만 이런 특징들이 피노 누아를 복합적이고 다양하며 흥미로운 와인으로 만듭니다. 이상한 냄새 아래에 숨어 있는 게 마셔본 것 중 가장 풍부한 과일 맛의 와인이라면 어떤가요? 냄새가 마음에 들지 않더라도 한 모금 마셔보세요. 심지어 잔을 몇 번 돌리다 보면 냄새는 줄어들거나 때로 '사라지기도' 합니다(244페이지 참조). 만약 여러분이 헛간 냄새를 도저히 견딜 수 없다면, 신대륙 와인, 특히 미국 캘리포니아주와 오리건주의 피노 누아를 마셔 보세요.

와인 용어

냄새가 사라지다(blow off) 때로는 와인에서 처음에 약간 쾨쾨한 냄새가 나는데, 와인이 잠시 숨을 쉬게 두면 펑키한 냄새가 줄어들거나 사라지기도 합니다.

밝다(bright) 빛이 통과할 정도로 투명한 와인을 말합니다. 일반적으로 화이트 와인을 설명하는 용어이지만 피노 누아도 '밝다'고 묘사되기도 합니다. 또한 맛을 묘사할 때도 사용되는데, 산미의 균형이 잘 잡혀있다는 뜻입니다.

쉬머링(shimmering) 빛을 반사하는 와인과 통과시키는 와인 모두에 사용합니다. 반짝거린다는 뜻입니다.

실키(silky) 부드럽고 풍부한 식감을 의미하며 피노 누아를 설명할 때 자주 사용됩니다.

감칠맛(umami) 다섯 번째 맛(나머지 네 가지 맛은 단맛, 신맛, 짠맛, 쓴맛)을 말하는 것으로 버섯에서 나는 흙 냄새, 진한 풍미입니다. 많은 아시아 요리에서 맛볼 수 있는 것으로 피노 누아에서도 분명하게 나타나며, 테루아의 맛이라고도 할 수 있습니다.

벨벳(velvety) 부드럽지만 강렬하고 풍부한 맛으로 실키와 함께 피노 누아의 식감을 설명하는 데 자주 사용되는 용어입니다.

11월의 와인

이번 달에는 부르고뉴를 선보이겠습니다. 비싼 그랑 크뤼나 프리미어 크뤼는 권하지 않을 테니 걱정 마세요. 11월은 빌라주 와인과 뱅 드 부르고뉴의 확실한 차이를 알아볼 수 있는지, 그리고 다른 단계의 와인은 어떤지 알아보는 달입니다. 물론 만약 눈에 확 띄는 와인, 즉 프리미어 크뤼를 마시고 싶다면 믿을 만한 와인 숍에서 추천 받거나 제가 추천한 것 중 하나를 마셔 보세요. 우리는 또 미국 캘리포니아주와 오리건주에서 온 피노 누아를 마셔보고 신대륙 와인의 특징도 알아볼 것입니다. 이번 달 리스트를 위해서는 조금 더 많이 지불해야 하니, 스파이 와인 포함 4병만 구매합니다.

이번 달은 앞선 달과 다르게 특정 와인 생산자나 도매상(프랑스어로는 네고시앙, negociants)을 찾아볼 것입니다. 피노 누아에 한해서는 검증된 네고시앙이나 생산자를 고르는 것이 마을이나 포도밭, 가격으로 선택하는 것보다 더 낫습니다. 물론 다른 와인도 추천해달라고 해 보세요.

프랑스, 부르고뉴, 뱅 드 부르고뉴(Vin de Bourgogne, Burgundy, France) ($18~25)

루이 자도(Louis Jadot)의 와인을 찾아 보세요. 와인 라벨에는 부르고뉴(Bourgogne)라고 적혀 있을 것입니다.

프랑스, 부르고뉴, 빌리지 와인(Village Wine, Burgundy, France) ($28~40)

마을의 이름은 병에 표시되며 하이픈으로 연결되는 경우가 많습니다.
예: 쥬브레 샹베르탱(Gevrey-Chambertin), 모레 생 드니(Morey-Saint-Denis), 뉘 생 조르주(NuitsSaint-Georges), 샹볼 뮈지니(Chambolle-Musigny), 본 로마네(Vosne-Romanée) 등

와인은 와인 전문가에게

친구들과 함께 즐거운 저녁식사를 하다가, 와인 리스트를 보는 순간 모르는 이름들의 향연에 급격히 시무룩해진 경험이 있나요? 너무 실망하지 마세요. 와인 리스트를 완벽히 알고 있는 사람은 1%도 안 될 거랍니다. 나머지 99%의 사람들은 모두 리스트를 보는 순간 주눅들게 마련이니, 사랑 받기 쉬운 샤르도네와 피노 그리지오가 베스트 셀러 목록에 남아있는 겁니다. 하지만 새로운 와인을 찾고 싶다면, 전문가의 도움을 받으세요. 이번 달에는 혼자 대형 와인 숍의 선반을 둘러 보며 아무렇게나 골라드는 게 아니라, 피노 누아에 대해 잘 아는 사람과 친밀하고 편안하게 지내야 하는 달입니다.

그 누군가는 레스토랑에서 식사 중이라면 소믈리에가 될 것이고, 집에서 마실 때는 와인 숍 사장이나 매니저에게 도움을 청하면 됩니다. 이 전문가들이 여러분에게 걸맞은 와인을 골라주기 위해서는, 여러분에 대해 조금쯤은 알고 있어야 합니다. 그들과 대화하세요. 여러분의 입맛에 대해 알려주세요. 예를 들어 타닌이 강한 와인을 좋아하는지, 부드럽고 그윽한 와인을 좋아하는지 말이지요. 달콤한 와인과 드라이한 와인, 톡 쏘는 와인과 부드러운 와인 중에서는요? 또 이들은 와인과 음식 페어링에 대해서도 잘 알고 있으니, 여러분이 어떤 음식을 먹을 건지도 알려주세요.

여러분의 예산을 알려주는 것도 아주 중요합니다. 이들이 여러분이 어느 정도를 지불할 수 있는지 알 수 없으므로, 대략적인 범위를 알려주세요. 제대로 된 소믈리에나 와인 숍 사장은 이 범위 내에서 좋은 와인을 골라 줄 것이고, 뜬금없이 한 병에 $500쯤 하는 와인을 추천하지 않겠지요.

미국 오리건쿠, 피노 누아(Pinot Noir, Oregon, USA) ($20~25)

이곳의 추천 생산자로는 도멘 드루앙(Domaine Drouhin), 아델사임(Adelsheim), 아처리 서밋(Archery Summit), 에라스 빈야드(Erath Vineyards), 소콜 블로서(Sokol Blosser), 렉스 힐 빈야드(Rex Hill Vineyards)가 있습니다.

미국 캘리포니아쿠, 피노 누아(Pinot Noir, Californa, USA) ($20~25)

캘리포니아산 피노 누아는 특정 이름을 찾기보다 이 가격대 안에서 와인을 찾는 것이 더 중요합니다. 그래도 몇 가지 이름을 알려드리자면, 아카시아(Acacia), 오 봉 클리마(Au Bon Climat, Calera), 칼레라(Calera), 게리 패럴(Gary Farrell), 아이언 홀스(Iron Horse), 라 크레마(La Crema), 페퍼우드 그로브(Pepperwood Grove), 스틸(Steele), 샌포드(Sanford), 탄타라(Tantara) 등이 있습니다.

쓰파이: 프랑쓰, 보졸레(Beaujolais from France) ($10~15)

부르고뉴의 보졸레 지역에서 생산되는 보졸레는 '모든 레드 부르고뉴는 피노 누아'라는 규칙의 예외입니다. 이 와인은 분홍빛이 도는 옅은 보라색의 가메이 포도로 만들어졌죠. 매년 11월 셋째 주 목요일에 출시되는 유명한 보졸레 누보를 선택할 수도 있는데, 아주 어릴 때 마셔야 합니다. 만약 보졸레가 맘에 든다면, 곧 다가올 연말을 위해 미리 구해두는 것이 좋습니다. 지구 반대편에서 온 피노 누아 한 병 가격으로 이 와인 한 박스를 구매할 수도 있거든요. 차가울 때 맛이 잘 드러나기 때문에 마시기 전 냉장고에 꼭 넣어두세요. 여러분은 이 스파이 와인을 더 가벼운 바디감, 더 밝은 색감으로 알아챌 수 있습니다. 또 피노 누아에서 발견되는 흙 같은 특성도 보졸레에서는 거의 나타나지 않습니다.

와인을 즐길 시간

피노 누아의 가격이 항상 와인의 품질과 비례하는 것은 아닙니다. 빌라주 와인이 뱅 드 부르고뉴보다 훨씬 나은 것도 아니고, 그랑 크뤼가 항상 프리미어 크뤼보다 나은 것도 아닙니다.

피노 누아를 묘사할 때 음식, 예를 들어 체리나 블랙베리 같은 과일 향에 비유하곤 하지만 이런 단어들로는 이 와인을 제대로 설명하지 못할 때가 많습니다. 그래서 피노 누아에 대해 이야기할 때는 실키한, 감각적인, 유혹적인, 복합적인, 또는 레이어드 등의 단어들을 사용하게 되는 것도 놀랄 일은 아닙니다.

혹시 표현이 떠오르지 않는다면, 지금 느끼고 있는 와인의 특징들이 이런 단어들을 떠올리며 해당되는것이 있는지 살펴보는 것도 좋습니다.

온도와 시간

대부분의 피노 누아는 어릴 때 마셔야 합니다. 일반적으로 병에서 어느 정도 숙성된 다음 출시되기 때문에 오늘 점심이나 저녁 식사에 바로 마셔도 되는 상태입니다.

물론 오랜 숙성 기간을 잘 견디는 피노 누아도 있지만, 빈티지로부터 5년에서 7년 사이가 가장 적절합니다. 다른 묵직한 레드 와인처럼 풍성함을 발산하지 않기 때문에, 오랫동안 숙성한다고 해서 더 좋아지는 것은 아닙니다. 일부 생산자들은 수십 년간 숙성 가능한 피노 누아를 만든다고 말하지만, 이는 예외적인 경우입니다.

피노 누아를 마실 때는 다른 묵직한 레드 와인보다 조금 더 시원한 것이 좋습니다. 마시기 전 냉장고에 30분 정도 넣어두어서 15.6~16.7℃에 맞추면 됩니다.

PINOT NOIR

색상 연하게 빛나는 루비 레드, 벨벳, 약간의 바이올렛 색. 투명한 레드 와인으로 보이지만, 풍미는 꽤 무겁죠. 겉모습으로만 판단하지 마세요.

향 신대륙 피노 누아는 달콤한 레드 베리, 자두, 체리 등의 향으로 과일 느낌이 더 강렬합니다. 부르고뉴의 피노 누아는 헛간, 버섯, 흙, 쿰쿰한 냄새가 날 수 있고 미국의 피노 누아는 오크 느낌이 나므로 크리미한 바닐라도 찾아 보세요. 신대륙과 구대륙 와인 모두 스모키하고 가죽, 로즈마리나 타임과 같은 허브, 소나무와 유칼립투스, 페퍼민트 향을 느낄 수 있습니다. 라일락이나 장미, 제비꽃 등의 꽃향기를 포함하기도 합니다.

맛 프랑스의 피노 누아는 미국 피노 누아보다 알코올 향이 적고, 바디감이 가벼우며 더 미묘하고 흙 맛이 나는 경향이 있습니다. 미국 피노 누아는 더 무겁고 대담하며 과일 향이 더 강합니다. 구대륙의 피노 누아가 흙 풍미를 보여주는 반면 미국은 달콤한 향신료가 물결치는 오크 풍미가 풍기죠. 이 와인에서 느껴지는 과일은 보통 딸기, 라즈베리, 크랜베리 등 레드 베리 종류입니다.

바디감 피노 누아는 지금까지 우리가 마셨던 레드 와인 중 가장 라이트한 바디감의 와인 중 하나로, 소비뇽보다 부드럽고 메를로보다 섬세합니다. 피노 누아는 부드럽고 매끄러우며 입안에서 녹는 느낌이 납니다.

피니시 피노 누아의 색은 화려하지 않지만 피니시는 인상적일 수 있습니다. 피노 누아의 가벼운 타닌과 밝은 산미가 군침 도는 피니시를 남겨서 한 모금 더 마시고 싶게 만듭니다.

11 PINOT NOIR

NOVEMBER

맛있는 요리를 먹자

피노 누아의 가장 큰 장점은 음식과의 조합에서 여러분을 거의 실망시키지 않는다는 것입니다. 사실 미국 오리건주의 피노 누아는 '육류에는 레드 와인, 생선과 가금류에는 화이트 와인'이라는 신성하고 절대적인 규칙을 처음으로 깬 와인으로, 유연한 맛 덕분에 양쪽 모두와 어울립니다. 산도가 좋고 과일 풍미도 풍부해, 음식과 잘 어울리는 와인의 두 가지 요소를 모두 갖추고 있습니다. 물론 부르고뉴 와인을 위해 특별히 만들어진 요리인 코코뱅과 비프 부르기농과도 완벽하게 어울립니다. 그러나 지금은 11월이니, 이번 시음회는 추수감사절 즈음으로 생각해 봅시다. 명절에 모였던 가족과 손님들이 떠난 후 남은 음식들을 오르 되브르(hors d'oeuvres)로 재탄생시켜 보는 것은 어떨까요?

로즈마리 누치 팝콘	253
크랜베리 브루스케타	254
칠리 오일 칠면조 만두	256
고르곤졸라와 배 피자	258
호박 파이 파르페	259

'누치(Nooch)'는 영양 효모인데, 유제품 대체제로 자주 사용되는 견과류와 치즈 맛이 나는 조미료로 유제품 대용품으로 많이 사용됩니다. 샐러드 드레싱, 소스, 그리고 이 버터 팝콘처럼 짭짤하고 감칠맛을 더할 수 있는 모든 음식의 판도를 바꿀 수 있는 재료입니다.

로즈마리 누치 팝콘

12인분

가염 버터 75g(5큰술)

카이엔 페퍼 1작은술

다진 로즈마리 5g(4큰술), 가니시용으로 조금 더 준비

플레인(버터나 소금이 없는) 팝콘 360g(12컵)

누치 7g(⅓컵)

소금 약간

    중불에서 달군 소테 팬에 버터, 카이엔 페퍼, 로즈마리를 넣은 다음, 버터가 녹고 로즈마리 향이 날 때까지 2분간 골고루 저으며 볶습니다.

    큰 볼에 팝콘과 로즈마리 버터를 넣고 팝콘에 버터가 골고루 묻도록 손으로 버무립니다. 누치를 넉넉히 뿌리고 소금으로 간합니다.

    팝콘 그릇에 신선한 로즈마리 허브 몇 줄기를 가니시로 얹고 냅니다.

PINOT NOIR

이 요리는 단연코 제일 많이 사랑받는 에피타이저입니다. 시간이 부족하다면 시판 크랜베리 소스를 사용해도 되지만, 직접 만들면 훨씬 맛이 좋습니다.

크랜베리 브루스케타

오븐을 190℃로 예열합니다.

베이킹 팬 위에 바게트 조각들을 한 층으로 올리고 녹인 버터를 가볍게 펴 바릅니다. 오븐에서 8분간 노릇하게 굽고 꺼내서 식힙니다.

바닥이 두꺼운 팬에 적양파, 라이스 와인 비네거, 설탕, 절인 생강, 그리고 레드 페퍼 플레이크를 넣고 중강불에 끓입니다. 라이스 와인 비네거가 반 이상 졸여지고 설탕이 캐러멜라이징될 때까지 끓입니다(적양파는 분홍색으로 투명해집니다). 불을 낮추고 다진 로즈마리와 크랜베리 소스를 넣고 젓습니다. 다시 끓으면 불에서 내려 완전히 식힙니다.

각 바게트에 크림치즈 약 1큰술을 펴 바르고 크랜베리 소스 2큰술을 올린 다음, 로즈마리 줄기를 살짝 올려 완성합니다.

구운 브루스케타
12~16개 분량

바게트 1개, 13mm 정도로 잘라서 준비

무염버터 2큰술, 녹여서 준비

깍둑썰기한 빨간 양파 100g(⅔컵)

라이스 와인 비네거 120ml(½컵)

설탕 65g(⅓컵)

굵게 다진 생강 절임 2큰술, 또는 껍질 벗기고 간 생강 1큰술

레드 페퍼 플레이크 ½작은술

다진 신선한 로즈마리 ½작은술, 가니시용 줄기

홈메이드(레시피 참조) 혹은 시판 크랜베리 소스 240g(1컵)

크림치즈 115g

750g(3컵) 용량

신선한 크랜베리 140g(1컵), 줄기는 떼고 썩은 것들은 미리 골라내서 준비

설탕 100g(½컵)

오렌지 제스트 1½ 작은술

크랜베리 소스

바닥이 두꺼운 팬에 크랜베리, 설탕, 물 120ml(½컵), 오렌지 제스트를 넣고 센불에서 가끔 저어가며 끓입니다. 끓어오르면 중약불로 낮추고 크랜베리가 무를 때까지 끓입니다. 팬 바닥에 설탕이 들러붙거나 타는 것을 막기 위해 한번씩 젓습니다. 소스가 걸쭉해져 나무 숟가락 뒷면이 코팅될 때까지 끓입니다.

불에서 내리고 내열 용기로 옮깁니다.

완성된 소스는 뚜껑을 덮어 냉장고에서 식히고, 1주일동안 냉장 보관할 수 있습니다.

PINOT NOIR

먹다 남은 구운 칠면조가 없다면 구운 치킨을 사용해도 무방합니다. 피노 누아는 보통 알코올 도수가 낮고 향신료의 향이 날 수 있으므로 한 모금씩 마셔 보고 어떤 느낌인지 확인하세요.

칠리 오일 칠면조 만두

중간 크기의 볼에 다진 구운 칠면조, 만두 소, 다진 파, 달걀 흰자, 참기름, 간장, 생강, 후추, 소금을 넣고 나무 주걱으로 잘 섞습니다.

큰 냄비에 물을 넣고 센불에 끓입니다.

깨끗한 작업대에 만두피와 작은 물그릇을 올립니다. 손가락 끝이나 페이스트리 브러시를 사용하여 만두피에 물을 조금 바릅니다(이 과정은 만두를 만들기 시작하면 만두피가 붙는 데 도움이 될 것입니다).

각 만두피의 가운데에 칠면조 만두 소를 약 1큰술 넣고, 반으로 접어서 피 모양에 따라 반달 또는 삼각형 모양으로 접습니다. 만두 소 주변을 부드럽게 눌러서 공기를 빼고 만두를 손가락으로 꼬집어서 잘 밀봉합니다. 나머지 만두피도 반복합니다. 익히지 않은 만두는 얼려 두었다가 필요할 때 사용할 수 있습니다.

30~35개 분량

잘게 다진 로스트 칠면조 210g (1¼컵)

시판 만두 소 100g(½컵)

다진 파 24g(½컵), 초록 부분만 준비

달걀 흰자 1개, 가볍게 풀어서 준비

참기름 2큰술

간장 또는 타마리 소스 2작은술

다진 생강 2작은술

후추 ½작은술

소금 ¼작은술

만두피 1팩(340g)
동그랗거나 네모난 것

식용유 또는 땅콩 오일, 튀김용

구운 참깨, 가니시용

칠리 오일 120ml(½ 컵),
뿌리거나 찍어먹는 용

물이 끓으면 만두 몇 개를 넣고 서로 붙지 않도록 젓습니다. 만두가 물 위로 올라오면 익은 것입니다. 구멍이 있는 국자로 만두를 건져 낸 후 접시에 담습니다. 익힌 만두는 식혀서 뚜껑이 있는 용기에 넣어 냉장고에서 보관했다가 나중에 프라이팬에 구워서 낼 수 있습니다.

붙지 않는 소테 팬에 식용유 1큰술을 넣고 중강불에 올립니다. 만두는 너무 꽉 차지 않을 정도로만 넣고, 양쪽이 모두 노릇하고 바삭해질 때까지 몇 분간 굽습니다.

구운 참깨를 뿌립니다. 칠리 오일은 뿌리거나 작은 접시에 서빙 스푼과 함께 냅니다.

PINOT NOIR

다른 블루 치즈보다 마일드한 고르곤졸라는 잘 익은 배와 피자로 만들어 먹으면 아주 맛있습니다. 피노 누아 한 잔을 곁들이면 더 완벽하죠.

고르곤졸라와 배 피자

1판 분량

시판용 피자 도우 1개(455g)

올리브 오일, 바르는 용

서양배 2개(약 420g, 3컵 분량), 씨를 제거하고 얇게 썬 것

거칠게 뭉갠 고르곤졸라 치즈 140g

피자 스톤을 오븐에 넣어 200℃로 예열합니다. 피자 스톤이 없다면 베이킹 팬으로 대체할 수 있습니다.

피자 필이나 테두리가 없는 베이킹 팬 위에 도우를 얹고 크기와 모양에 맞도록 펴고 브러시로 올리브 오일을 바릅니다. 배 슬라이스를 도우 위에 얹고, 배 사이사이에 고르곤졸라 치즈를 뿌립니다. 오븐에서 크러스트가 노릇해질 때까지 20~25분간 굽습니다.

오븐에서 꺼내고 살짝 식힌 다음 자릅니다.

파르페는 층층이 쌓아 올린 모양새만으로도 재미있는 파티 음식이 될 수 있습니다. 가을의 풍미를 담은 이 파르페는 와인 클럽과 완벽하게 어울립니다. 파르페의 절반은 사과 파이 필링으로, 나머지 절반은 호박 파이 필링으로 만들 수도 있습니다.

호박 파이 파르페

작은 파르페 10개 분량

시판용 호박 파이 1개
(20cm 또는 23cm 지름)

질 좋은 사워 크림 480g(2컵)

질 좋은 메이플 시럽 60ml(1컵)

농축 오렌지 주스 2큰술

호박 파이 향신료 ½작은술

생크림 200g(2컵)

굵게 부순 그라함 크래커 90g
(¾컵)

오렌지 제스트(오렌지 ½개 분량)

얇게 채썬 오렌지 (½개 분량)

파이 껍질에서 속을 제거합니다. 남은 것은 간식으로 먹거나 버려도 됩니다.

중간 크기 볼에 사워 크림, 메이플 시럽, 농축 오렌지 주스, 호박 파이 향신료를 모두 넣고 골고루 섞습니다.

각 유리잔의 바닥에 파이 속을 약 2~3큰술 넣고, 그 위에 사워 크림 혼합물을 한 스푼 넣어 층을 쌓습니다. 잔이 가득 찰 때까지 파이 속-사워 크림 혼합물 순서로 층층이 쌓습니다. 맨 위에는 그라함 크래커 부순 것과 오렌지 제스트를 한 줄 올려 완성합니다.

즉시 내어도 되고, 냉장고에서 4시간에서 또는 하룻밤 정도 보관할 수 있습니다.

12월

스파클링 와인

Sparkling Wines

DECEMBER
12

샴페인은 결혼식이나 연말 파티에만 터트리는 것은 아닙니다. 샴페인과 스파클링 와인은 일년 내내 즐기기 좋고, 항상 좋은 시간을 만들어 줍니다. 따라서 와인 클럽 1주년을 축하하기에 이보다 완벽한 와인은 없겠죠.

샴페인 알아가기

과연 샴페인을 잘 즐기려면 얼마나 알아야 할까요? 아마 살면서 한두 잔은 마셔봤을 것이고 지도에서 샴페인(샹파뉴, Champagne)을 정확히 찾아낼 수 있든 없든, 샴페인과 함께 좋은 시간을 보냈을 것입니다. 조금 더 깊이 파고들 준비가 되셨나요? 여러분을 위한 속성 코스를 준비했습니다.

'진짜' 샴페인

탄산이 있는 와인을 샴페인이라고 부르기도 하고, 스파클링 와인이나 다른 이름으로 부르기도 하는 것을 알고 계셨나요? 탄산이 있는 와인은 모두 스파클링 와인이라고 불릴 수 있지만, '스파클링한' 모든 와인을 샴페인이라고 부를 수는 없습니다. 엄밀히 말해, 대문자 'C'가 붙은 샴페인이라고 불리기 위해서는 프랑스 북동쪽에 있는 샹파뉴 지역에서 생산되어야 합니다. 이를 존중하는 의미에서, (또 프랑스 샴페인 생산자들은 샴페인에 대해 약간의 지역적인 자부심을 가지고 있기 때문에) 우리는 샴페인을 제외한 모든 탄산 있는 와인을 '스파클링 와인'이라고 부릅니다. 다른 지역의 스파클링 와인은 다음과 같은 다양한 명칭으로 불립니다.

카바(Cava) 스페인의 스파클링 와인

프로세코(Prosecco) 이탈리아의 스파클링 와인

뱅 무쉐(Vin Mousseux) 샹파뉴 외의 지역에서 생산된 프랑스 스파클링 와인

스푸만테(Spumante) 이탈리아의 스파클링 와인, 탄산이 강함

프리잔테(Frizzante) 이탈리아의 스파클링 와인, 탄산이 약함

젝트(Sekt) 독일 스파클링 와인

스파클링 와인(Sparkling Wine) 미국 캘리포니아주, 호주 등 위 목록에 없는 곳에서 생산되는 것은 단순히 스파클링 와인이라고 합니다.

프랑스 샴페인 중에서도 가장 유명한 두 샴페인은 수도승과 미망인의 이름을 딴 것입니다. 하나는 이름만 들어도 알 만한 수도사 돔 페리뇽(Dom Pérignon), 그리고 파티에서 많이 봤을 법한 밝은 오렌지빛 라벨의 뵈브 클리코(Veuve Clicquot)입니다. 이 두 이름은 모두 우리가 오늘날 마시는 스파클

링 와인에 큰 역할을 한 사람들입니다.

메소드 상파노아즈(Méthode Champenoise)로 주세요

물론 가끔은 프랑스 샴파뉴 지역의 진짜 샴페인의 코르크를 따는 것도 좋습니다. 하지만 여러분이 돈을 많이 쓰지 않고도 괜찮은 스파클링 와인을 마시고 싶다면, 세계 다른 곳에서 생산된 고품질 와인을 쉽게 찾을 수 있습니다. 라벨에 '메소드 상파노아즈'[1]라고 적힌 와인을 찾으세요. 이것은 이 병에 담긴 스파클링 와인이 진짜 샴페인을 만들기 위해 사용되는 복잡하고 노동 집약적인 방법을 사용하여 생산되었다는 것을 의미합니다. 이 와인들은 일반적으로 탱크에서 와인을 대량으로 발효시키는 저렴한 샤르마 방식(Chrmat method, 미국에서는 '대량 공정'이라고도 함)으로 만든 것보다 더 재미있게 마실 수 있습니다.

올해의 수확 상황은?

샴페인과 스파클링 와인에는 빈티지(포도가 수확된 해)가 기재되어 있지 않는 경우가 많습니다. 이러한 와인들을 넌빈티지(NV)라고 하는데, 와인들이 다양한 연도에 수확된 포도의 조합으로 만들어졌음을 의미합니다. 생산자들이 원하는 샴페인 또는 스파클링 와인 스타일을 완성하기 위해 여러 해의 포도들 중에서 선택하고 선택하기 때문입니다.

어떤 해에는, 포도의 품질이 놀랄 정도로 좋아서 와인 생산자들이 빈티지한 해로 간주하고 이를 강조하는 와인을 만들 수도 있습니다. 이렇게 만들어진 빈티지 샴페인과 스파클링 와인은 일반적으로 더 높은 품질로 간주되며, 수가 적으니 가격도 더 높게 생성됩니다.

---

1 샴페인의 기포를 만들기 위한 과정으로 2차 발효를 병 속에서 진행하는 것을 말하는 프랑스어. '전통 방식'이라고도 부른다. [출처: 와인21 용어사전]

딱 맞는 와인 잔 고르기

이번 달에 마셔 볼 스파클링 와인은 여태까지의 다른 와인들과는 달리 특정 잔에 따랐을 때 매력이 한층 더 잘 드러납니다.

쿠페(coupe) 아주 오래된 잔입니다. 전설에 따르면 이 잔은 마리 앙투아네트의 가슴을 본떠서 만들어졌다고 하는데, 재미있는 스토리이긴 하지만 입구가 넓어서 탄산이 너무 빨리 빠져 나가기 때문에 스파클링 와인을 마시기에 좋은 잔은 아닙니다.

트럼펫 잔(trumpet glass) 세련된 모양이지만 기능보다는 보여주기 위한 장식품에 가깝습니다. 플루트 잔은 스템(줄기, 또는 속이 비어 있는 스템)를 잡을 수 있는데, 이 잔은 손의 온기로 와인이 따뜻해지고 입구가 넓어서 탄산이 너무 빨리 빠지게 됩니다.

플루트 잔(flute) 입구가 작고 스템이 가느다란 샴페인 플루트를 찾으시길 바랍니다. 이렇게 하면 아름다운 탄산들이 빨리 빠지지 않습니다.

튤립(tulip) 꽃을 연상케 하는 이 잔은 가느다란 스템, 좋은 크기의 볼, 그리고 약간 구부러진 입술이 특징으로 스파클링 와인의 향을 감상하기에 가장 좋은 잔입니다.

와인 용어

블랑 드 블랑(Blanc de Blancs) 말 그대로 '화이트 중의 화이트'라는 뜻으로 백포도인 샤르도네만으로 엄격하게 만들어진 샴페인을 말합니다.

블랑 드 누아(Blanc de Noirs) '블랙으로부터 온 화이트'라는 뜻으로 적포도 품종인 피노 누아로 만든 샴페인을 의미합니다.

브뤼(brut) 드라이한 와인을 설명할 때 쓰는 용어입니다.

큐베(cuvée) 때로 '큐베'라고 쓰인 라벨을 볼 수 있을 텐데, 이 와인이 블랑 드 블랑처럼 100% 샤르도네가 아니라 블렌딩되었다는 것을 알려주는 용어입니다.

드미 섹(demi-sec) '중간 정도 건조하다'는 의미지만, 실제로는 꽤 달콤한 맛입니다.

두, 돌체(doux, dolce) 각각 프랑스어와 이탈리아어로 달콤한 것을 의미합니다.

엑스트라 드라이, 엑스트라 섹(extra-dry, extra-sec) 이름과는 다르게, 브뤼처럼 건조하지는 않다는 뜻으로 사용됩니다.

무스(mousse) 스파클링 와인을 따를 때 위에 생기는 거품을 가리키는 용어입니다.

페를라주(perlage) 와인을 따를 때 진주목걸이처럼 가늘고 길게 달라붙는 거품 모양을 말합니다.

울트라 브뤼, 엑스트라 브뤼, 브뤼 네이처(ultra brut, extra brut, brute nature) 아주 건조한 느낌일 때 사용되는 용어입니다.

12월의 와인

    샴페인과 스파클링 와인의 '세계 여행'을 즐길 시간입니다. 아래에서 소개하는 와인을 통해 여러분은 전 세계 다양한 스타일의 스파클링 와인을 맛볼 수 있을 것입니다. 이 카테고리에서 최소 5가지 이상의 와인을 골라 와인 클럽의 첫해를 멋지게 마무리하세요. 건배!

스페인, 카바(Cava from Spain) ($10~$15)

카바는 기포가 더 크고 거품 줄기가 작은 경향이 있습니다.

이탈리아, 프로세코(Prosecco from Italy) ($15~$20)

이 스파클링 와인은 거의 물처럼 보일 정도로 맑고, 캘리포니아 스파클링 와인이나 프랑스 샴페인보다 기포가 강하지 않습니다. 복숭아와 살구 향이 프로세코의 전형적인 특징입니다.

미국 캘리포니아, 스파클링 와인(Sparkling Wine from California, USA) ($20~$25)

캘리포니아 스파클링 와인은 효모 향이 강해 구운 빵 느낌이 있으며 중간 팔레트(mid-palate)[2]에서 크리미한 마무리를 경험할 수 있습니다.

프랑스 샹파뉴, 샴페인(Champagne from Champagne, France) ($30~$45)

샴페인은 작은 거품이 줄기를 이루는 것이 특징으로, 빈티지 샴페인의 경우 짚색부터 황금색까지 다양한 색을 띱니다.

---

[2] (역주) 와인을 마셨을 때 입 안에서 머무는 중간 시점, 즉 처음 입에서 맛을 느낀 후에서 삼키기 전까지의 중간 단계에서 느껴지는 맛과 질감.

샴페인을 터트릴 시간

사람들은 종종 '샴페인을 터트린다'라고 하지만, 이렇게 코르크를 터트리듯 열 때의 단점은 탄산을 약간 잃게 된다는 것입니다. 따라서 병을 터트리듯 여는 대신 조심히 마개를 빼내면, 더 전문적으로 보일 뿐더러 좋은 와인을 더 많이 마실 수 있습니다. 다음 단계를 따르세요.

1. **병 잡기** 손에 병을 완벽하게, 안정적으로 쥐는 것이 중요합니다. 주로 쓰지 않는 쪽 손으로 병 바닥을 잡고, 주로 쓰는 쪽 손은 코르크 위에 올려 압력을 지탱하는 역할을 합니다.

2. **포일 벗기기** 코르크를 감싸고 있는 와이어 케이지에서 포일을 제거합니다. 포일 아래에는 와이어 케이지와 작고 둥근 탭이 있습니다. 천 냅킨이나 키친 타월로 코르크를 누른 후, 탭을 아래로 구부리고 와이어 케이지를 풀고 제거합니다.

3. **비틀기** 병을 자신(그리고 다른 모든 사람!)으로부터 45도 각도로 멀리 기울입니다. 천을 병 위에 얹고 한 손으로 코르크를 잡은 후, 병을(코르크가 아니라!) 부드럽게 비틉니다. 병의 압력이 코르크 마개를 부드럽게 밀어내게 한 다음 천으로 코르크와 조금 흐른 거품을 닦아냅니다.

4. **쉬익 소리 또는 펑 터지는 소리** 코르크를 얼마나 강하게 누르냐에 따라 우아한 쉬익 소리를 낼 것인지 고개를 돌리게 하는 펑 소리를 낼 것인지가 결정됩니다. 조용한 쉬익 소리가 나게 하려면 코르크를 더 강하게 눌러 코르크가 천천히 빠져나가도록 합니다.

5. **따르기** 우리는 모두 스파클링 와인의 탄산을 과소평가 했다가 화산처럼 터지는 걸 속절없이 바라봐야 했던 경험이 있을 겁니다. 만약 샴페인을 마시고 싶다면(뒤집어 쓰는 게 아니라!), 잔에 먼저 30ml를 붓고('잔에 프라이밍하기'라고 부름) 거품이 가라앉도록 잠시 기다린 후, 잔에 3분의 2정도 채워질 때까지 천천히 따릅니다. 이렇게 하면 넘치지 않고 황홀하게 솟아오르는 거품을 감상할 수 있습니다.

SPARKLING WINES

블랑 드 블랑(Blanc de Blacs) ($20~$30)

샤르도네 포도로만 만들어진 이 스파클링 와인에서는 시트러스 향과 맛이 납니다. 크리미한 식감이 특징입니다.

블랑 드 누아(Blanc de Noirs) ($25~$40)

피노 누아 포도로만 만들어진 스파클링 와인으로 보다 묵직한 바디감의 스파클링 와인입니다.

스파이   이번 달의 시음회에는 논알코올 스파클링 와인을 포함합니다.

거품 외에도 '알코올'이 와인에 어떤 기여를 하는지 알아보는 데 도움이 될 것입니다. 또한 술을 마시지 않거나 술을 아주 적게 마시는 손님에게는 논알코올 음료를 제공하는 것이 적절하죠. 이때를 위한 적절한 스파클링 '음료'를 찾는 데에도 도움이 될 겁니다.

와인을 즐길 시간

샴페인 잔을 빙글빙글 돌려야 할까요? 아니면 돌리지 말까요? 샴페인의 경우 이것이 항상 문제입니다. 순수주의자들은 절대 그러면 안된다고 말하겠지만, 사실 1년 동안 와인 클럽 모임을 진행하면서 여러분은 아마 모든 와인 잔을, 심지어 물이 든 잔까지 무심코 빙글빙글 돌리게 됐을 것입니다. 그러니 너무 심각하게 받아들이지 말고 가볍게 즐기세요. 돌리고 싶으면 돌리면 됩니다.

온도와 시간

대부분의 와인 교과서에서는 스파클링 와인을 5~8.3°C에서 제공할 것을 권장하지만 저는 6~10°C를 추천하고 싶습니다. 와인이 차가울수록 고유의 맛과 향이 가려지기 때문에, 샴페인과 스파클링 와인의 풍미를 제대로 맛보기 위해서는 적절한 온도를 준수해야 합니다.

대부분의 냉장고는 약 4.4℃로 설정되어 있으므로 스파클링 와인을 내기 전에 약간의 온도 조정이 필요할 수 있습니다. 만약 여러분이 냉장고에서 갓 꺼낸 스파클링이 너무 차갑다고 생각이 든다면 약 30분 동안 병을 실온에 두었다가 냅니다. 또 와인을 따르고 난 다음에는 여러분이 떠들고 웃으며 마시는 동안 와인이 계속 따뜻해질 거라는 것도 기억해 둡니다. 와인이 따뜻해지면 맛과 향도 변하니, 잠시 말하는 걸 멈추고 와인을 마시고 향을 맡아 보세요. 그리고 약간의 경고를 드리자면, 절대로 따뜻한 스파클링 와인은 열지 마세요. 폭발합니다!

스파클링 와인은 따자마자 마셔야 합니다. 그러나 스파클링 와인을 많이 마시는 편이라면 와인 숍 등에서 구입할 수 있는 샴페인 클램쉘(스토퍼)이라는 작은 기구로 3~4일간 거품이 빠져나가지 않도록 막아줄 수 있습니다. 만약 도구 구매할 새가 없다면, 블라인드 테스트에 사용한 포일로 병목에 2.5cm정도 들어가도록 막고 입구를 덮어 둡니다. 다음 날 오전, 때로는 저녁 무렵까지 보존할 수 있습니다. 만약 탄산이 다 날아갔다면, 코르크로 막아서 냉장고에 넣어두었다가 드라이한 화이트 와인이 필요한 요리에 사용하세요.

색상 스파클링 와인의 색상은 스타일에 따라 매우 다양합니다. 예를 들어 블랑 드 누아는 분홍색 색조를 띠고 로제는 연한 연어색에서 분홍색을 띱니다. 심지어 투명하거나 화이트인 스파클링도 다양한 색상을 띠는데, 일부 프로세코는 믿을 수 없을 만큼 투명하고 가벼워 거의 물처럼 보일 수 있습니다. 빈티지 샴페인과 같은 다른 스파클링 와인은 더 깊은 황금빛을 띱니다. 거품도 주의 깊게 살펴보세요. 크기가 크거나 작을 수 있고, 줄기가 많거나 적을 수 있습니다. 거품의 양과 크기는 각 와인의 생산자가 섬세하게 조정합니다. 작은 거품은 샴페인만의 특성은 아니고, 일부 캘리포니아 스파클링 와인에서도 작고 우아한 거품이 끊임없이 뿜어져 나오기도 합니다. 같은 맥락에서, 프랑스와 캘리포니아 스파클링 와인 중에도 거품이 큰 와인이 있죠.

향 스파클링 와인에서 맡을 수 있는 향에는 효모 또는 토스트 향, 시트러스, 배, 사과 및 꽃향기 등이 있습니다. 프로세코는 복숭아와 살구 향으로 유명하고, 샴페인과 캘리포니아 스파클링 와인에서는 갓 구운 빵, 효모, 그리고 토스트의 향과 과일 향이 납니다. 블랑 드 누아에서는 말린 딸기와 잘 익은 라즈베리, 체리 향이 느껴집니다.

맛 스파클링 와인은 시트러스부터 향신료, 토스트, 자몽에 이르기까지 다양한 맛을 선보입니다. 중요한 것은 이 맛들이 서로 균형을 이루고, 단맛이 산미를 가리지 않아야 한다는 것입니다.

바디감 디저트 와인이 아닌 이상 스파클링 와인의 바디감은 가벼워야 합니다. 깨끗하다, 바삭바삭하다고도 하고, 저는 입안의 작은 별처럼 반짝반짝하다는 표현을 가장 좋아합니다. 탄산이 더 강하면 입안의 느낌도 달라질까요? 일반적으로 프랑스와 캘리포니아 스파클링 와인은 강한 기포가 처음부터 끝까지 이어지는 데 비해, 이탈리아 스파클링 와인은 탄산이 좀 약한 편입니다. 와인이 섬세할수록 무스가 오래 지속되고 작은 기포가 많이 발생합니다.

피니시 스파클링 와인은 무거운 레드 와인만큼 피니시가 길지 않습니다. 대부분은 깨끗하고 바삭바삭한데, 일부는 달콤하게 여운이 남고 숙성될수록 피니시가 더 길어집니다. 또 시큼해서 군침이 도는 듯하고, 구운 빵의 향이 나는 대부분의 샴페인과 캘리포니아 스파클링 와인에서는 중간 팔레트에서 크리미한 마무리로 끝나는 경우가 많습니다. 스파클링 와인의 피니시를 평가할 때는 입안에서 느껴지는 감각과 이 감각이 얼마나 오래 지속되는지에 주목해야 합니다.

스파클링 와인

12월의 요리

Sparkling Wines

맛있는 요리를 먹자

연말 시즌의 스파클링 와인 클럽은 분위기를 더욱 풍성하게 만들어주는 완벽한 선택입니다. 이번에 소개하는 에피타이저는 그 특별한 순간에 제격인 메뉴들이죠. 캐비어와 샴페인은 그야말로 천상의 조합이고, 어니언 타르트의 부드러운 크리미함이나 매콤한 꿀의 강렬함은 스파클링 와인이 깔끔하게 잡아줍니다. 마지막으로 스파클링 와인과 최고의 조합을 이루는 딸기와 초콜릿으로 올해를 마무리하겠습니다.

캐비어 칩	275
만체고 치즈, 꿀을 얹은 텍사스 토스트	276
들고 먹는 안티파스토 꼬치	277
크리미 어니언 타르트	278
딸기 티라미수	280

캐비어는 큰 비용을
들일 필요가 없습니다.
이 에피타이저에 어울릴 정도로
적당한 품질의 캐비어면 됩니다.
소량만으로도 충분하기 때문에
많이 살 필요도 없습니다.
한번 맛보면 이 짠맛과 톡 쏘는 맛이
얼마나 스파클링 와인과
잘 어울리는지 알게 될 것입니다.

캐비어 칩

칩 20~24개 분량

사워 크림 60g(¼컵)

다진 신선한 차이브 5g(¼컵)

캐비어 30g(Note 참조)

저염 또는 무염 감자칩

Note: 미국산[3] 패들피쉬와 패클백 캐비어 제품이 저렴하고 품질이 적당해 이 요리를 만드는 데 적절합니다.

사워 크림과 잘게 다진 차이브를 작은 그릇에 넣고 서빙 스푼과 함께 제공합니다. 얼음을 가득 넣은 작은 그릇에 캐비아 통을 개봉해 올리고 작은 서빙 스푼을 옆에 둡니다. 사워 크림을 감자칩 위에 한 덩이 올리고 그 위에 아주 소량의 캐비어를 올리고 차이브를 뿌려 완성합니다.

---

[3] (역주) 여기서 나온 브랜드의 캐비어를 구할 수 없는 경우, 다음 다섯 가지 규칙을 참고한다. 1) 가능한 맛을 본 다음 구매 2) 부패하기 쉽기 때문에 제대로 보관되어 있는지 신선도 확인 3) 유리병이 아닌 금속 통 포장 4) 병 바닥에 액체가 너무 많지 않은 것 5) 열자마자 부패되기 시작하므로 소량만 구매

SPARKLING WINES

'텍사스 토스트'는 두툼하게 썬 빵을 말하며, 어떤 분들에겐 마늘빵으로 익숙할 수도 있습니다. 소스를 뿌려도 잘 어울리고, 그대로 먹어도 맛있습니다. 저는 크리미한 치즈와 매콤한 꿀을 넣어 새로운 버전으로 만들었습니다.

만체고 치즈, 꿀을 얹은 텍사스 토스트

24개 조각 분량

냉동 텍사스 토스트[4] 1책
(315g, 8조각)

꿀 85g(¼컵)

애플 사이더 비네거 2작은술

레드 페퍼 플레이크 ½작은술

핫소스 ½작은술

만체고 치즈 24장, 얇게 자른 것

빵은 포장 설명서에 따라 노릇해질 때까지 굽습니다. 모두 식힌 다음 각 조각을 3개로 다시 자릅니다.

전자레인지용 그릇에 꿀, 애플 사이더 비네거, 레드 페퍼 플레이크, 핫소스를 넣고 잘 저은 다음 전자레인지에서 1분간 데웁니다.

원하는 접시나 쟁반에 빵을 올리고 위에 치즈를 한 조각씩 올립니다. 치즈 위에 따뜻한 꿀 소스를 뿌려 완성합니다.

---

4 (역주) 샌드위치용으로 판매하는 사각형 흰빵으로, 베이커리에서 통으로 된 빵을 두껍게 잘라달라고 부탁하거나 이미 두껍게 썰려서 나온 제품을 구매하면 된다.

꼬치에 꽂은 샤퀴테리 플래터라고 생각하시면 됩니다. 원하는 재료를 자유롭게 꽂아도 되지만, 이 버전은 보기에도 예쁘고 손님들의 입맛을 만족시켜 줄 것입니다. 길이 15cm짜리 꼬치 12개가 필요합니다.

들고 먹는 안티파스토 꼬치

꼬치 12개 분량

시금치와 치즈 필링이 들어있는 토르텔리니 12개, 익혀서 식힌 것

방울 토마토 12개

모차렐라 볼(보코치니) 12개

이탈리안 비네그레트 1큰술

간 파마산 치즈 1큰술

씨 제거한 그린 올리브 12개

살라미 12장

바질 잎 12장

아티초크 하트 절임 6개, 반으로 자른 것

페퍼론치니 6개, 반으로 자른 것

씨 제거한 블랙 올리브, 또는 칼라마타 올리브 12개

중간 크기의 볼에 토르텔리니, 방울 토마토, 모차렐라 볼, 이탈리안 드레싱, 파마산 치즈를 넣고 드레싱이 잘 묻도록 섞습니다.

각 꼬치에 그린 올리브, 삼각형으로 접은 살라미, 모차렐라 볼, 바질 잎(반으로 접거나 리본처럼 접어 꽂음), 방울 토마토, 아티초크 하트 절임, 또 다른 삼각형 살라미, 페퍼론치니, 토르텔리니, 마지막으로 블랙 올리브를 꿰어 접시에 담고 냅니다.

크리미 어니언 타르트

로드 이멜 셰프가 저를 위해 이 타르트를 처음으로 만들어 주었는데, 이 레스토랑 버전에서 영감을 얻어 와인 클럽을 위한 간단한 레시피로 재구성했습니다. 크리미한 타르트를 한 입 베어 물고 스파클링 와인을 한 모금 곁들이면, 입안을 산뜻하게 정리해주는 완벽한 입가심이 되어줍니다.

오븐은 200℃로 예열합니다. 20×20cm 크기의 베이킹 팬 위에 유산지를 까는데, 유산지는 20×35.5cm 크기로 양 옆으로 길게 늘어뜨립니다. 이렇게 하면 타르트를 더 쉽게 옮길 수 있습니다.

반죽을 팬 안에 넣고 잘 눌러주세요. 가장자리의 높이가 2cm가 되도록 반죽을 손질합니다. 포크를 사용하여 반죽의 바닥과 측면을 콕콕 찌릅니다. 타르트를 9분간 굽고 완성되면 식힙니다. 파베이크(Parbaked, 85~90% 정도만 구운 뒤 급속 냉동한 것)로 구운 타르트 셸은 하루 전날 만들고 나서 랩으로 단단히 감싸 두면 됩니다.

오븐의 온도를 190℃로 낮춥니다.

붙지 않는 중간 팬에서 버터를 넣고 중불에서 녹입니다. 양파, 소금 ½작은술, 블랙 페퍼를 갈아 넣고 양파가 반투명해질 때까지 10~12분간 볶습니다.

24개 분량

냉동 파이 시트 23cm짜리 1개

무염 버터 1큰술

다진 양파 320g(2컵)

코셔 소금 1작은술

신선하게 간 블랙 페퍼

달걀 노른자 2개

우유반 크림반
(half and half creamer)
액상커피 크리머[5] 75ml(¼컵)

넛맥 가루 ½작은술

---

5 (역주) 미국에서 판매하는 다양한 종류의 우유 중 하나. 한국에는 거의 판매하지 않으므로, 일반 우유와 생크림을 1:1 비율로 섞어서 사용한다.

작은 볼에 달걀 노른자와 크림 60ml(¼컵)을 함께 섞습니다. 반투명해진 양파를 불에서 내리고 달걀 혼합물을 넣고 골고루 섞이도록 계속 젓습니다. 다른 볼에 양파 혼합물을 옮기고 남은 크림 1큰술, 남은 소금 ½작은술, 넛맥 가루를 추가하고 잘 섞어 완성합니다. 냉장고에 5분 정도 넣어 식힌 다음 꺼내서 젓고 다시 냉장고에 5분 더 식힙니다. 너무 뜨겁지 않고 따뜻한 정도일 것입니다. 양파 혼합물은 2일 전에 미리 만들어서 뚜껑을 덮어 냉장고에 보관할 수 있습니다. 도우에 넣어서 굽기 전 미리 실온에 꺼내 둡니다.

구운 타르트 셸에 양파 충전물을 넣고 고르게 펴 바릅니다. 양파 타르트를 오븐에서 12분 동안 구워 충전물을 굳힌 다음, 브로일러 아래에 넣고 타르트 윗부분이 노릇해질 때까지 2~3분간 더 굽습니다.

유산지를 사용해 타르트를 베이킹 팬에서 꺼냅니다. 반죽이 부서지기 쉬우므로 톱질하듯이 잘라서 타르트를 24조각으로 자릅니다.

딸기 티라미수

티라미수는 이탈리아어로 '나를 끌어 올리다, 기분 좋게 하다' 라는 뜻입니다. 이 재미난 디저트는 초콜릿에 코팅된 딸기에 티라미수의 매력을 더한 것으로, 샴페인과 오랜 시간 함께해 온 클래식한 조합을 현대적으로 재해석한 것입니다. 전통적인 이탈리아 디저트에 쓰이는 마스카포네 치즈의 달콤함을 가득 채운 뒤, 초콜릿에 한 번 더 담가 완성한 이 딸기는 올 한 해 와인 클럽을 마무리하기에 더없이 풍요롭고 감미로운 피날레가 되어줄 것입니다.

베이킹 팬에 유산지를 올립니다.

작고 날카로운 칼로 딸기의 아래쪽을 둥글게 잘라 냅니다. 녹색 꼭지는 그대로 유지합니다. 가운데 부분을 파냅니다.

작은 볼에 마스카포네 치즈와 슈가 파우더를 넣고 잘 저은 다음 작은 원형 깍지를 끼운 짤주머니에 넣습니다. 딸기의 가운데에 치즈를 짜 넣습니다.

초콜릿을 중탕하고, 딸기 꼭지를 잡고 녹인 초콜릿에 담급니다. 잠시 그 위에서 초콜릿이 좀 떨어지게 둔 다음, 준비한 베이킹 팬에 놓습니다. 냉장고에 넣어 보관합니다.

12개 분량

큰 딸기 12개

마스카포네 치즈 120g(½컵)

슈가 파우더 2작은술

잘게 자른 다크 초콜릿 85g

Note: 짤주머니와 깍지가 없다면 하나쯤 구매하는 것을 추천합니다. 대부분의 마트나 온라인에서 찾을 수 있습니다. 오르되브레를 훨씬 귀엽게 만들어주고, 적절한 도구를 갖고 있는 것은 지퍼백과 씨름하는 것보다 훨씬 요리를 쉽게 해줍니다.

감사의 말

저에게 많은 관심을 주신 모든 분들께 진심으로 감사하다는 말씀을 전하기에 이 한 장은 많이 부족하지만, 몇 가지만 말해 보겠습니다.

먼저 나의 남편 마이클에게. 당신의 변함없는 지지와 인내심, 그리고 모든 과정에 대한 신뢰에 고마워. 당신은 나의 슈퍼 히어로야. 항상 사랑해!

이 책은 저를 사랑하고 응원해주는 사람들 없이는 탄생할 수 없었습니다. 이번 경우엔 특히 와인 클럽을 사랑하는 분들이죠. 이 아이디어는 20년 전, 애틀랜타에 있는 제 친구들—바네사, 타미, 사라, 수지, 그리고 길과 함께 영감을 얻어 시작한 OG 와인 클럽에서 비롯됐습니다. 처음으로 와인에 대한 글을 쓰게 해주신 분들입니다. 와인을 사랑하는 모든 친구들과, 지금도 미국 전역에서 활발히 활동 중인 수많은 와인 클럽 운영하는 분들에게 이 책이 도움이 되었으면 좋겠습니다.

아주 멋진 편집자이자 친구인 크리스티나 가르세스, 그리고 최고의 에이전트 샐리 에커스에게도 깊은 감사를 전합니다. 제 모임을 다시 시작하도록 해주었고 지지해준 덕분에 저는 글을 편하게 쓸 수 있었어요. 애커스 그룹의 샐리와 제이미 콘스탄틴 두 분 덕에 저는 늘 든든했습니다. 크리스티나, 당신보다 뛰어나고 재미있는 편집자는 세상 어디에도 없을 거예요. 당신의 날카롭고 비판적인 감각은 팀 건도 부러워할 거예요.

예술적 감각으로 방향을 잡아주시고, 뛰어난 일러스트레이터 리브 리를 소개해주신 리지 본에게도 감사합니다. 저의 책에 생명을 불어 넣어 주었어요. 당신이 있어 이 책은 더욱 즐거운 책이 되었어요. 그리고 헌신과 노력으로 함께해주신 크로니클 출판사의 테라 킬립, 제시카 링, 데나 라예스, 사만다 사이먼, 킬리 토마스 멘터, 개비 바나코어께도 진심으로 감사드립니다.

방송에서 제 음식과 라이프스타일 아이디어를 공유할 수 있도록 기회를 준 미디어 친구들께도 진심으로 감사드려요. 여러분 없이는 제 작업이 지금의 팬들에게 절반도 닿지 못했을 거예요. 레이니 패럴, 수잔 듀르와처, 두 분은 제가 처음 투데이 쇼에 출연하던 그때부터 늘 함께해주셨죠. 항상 감사합니다.

와인 클럽이 처음 방송되도록 기회를 준 조앤 라 마르카, 그리고 이후 여러 방송을 계속할 수 있도록 도와준 태미 필러, 감사합니다. 라이프스타일에 관한 모든 것을 함께 하는 사라 클래겟, 제 든든한 동료이자 동반자, 잭키 올렌스키 언제나 함께 '짠'해줄 준비가 되어있는 친구, 그리고 "라이프스타일 전문가"라는 타이틀을 만들어 준 아담 밀러, 스크린 위에서 제 아이디어가 살아 숨 쉬게 도와준 저를 믿고 끊임없이 영감을 주며 열심히 일하도록 이끌어준 창작자 모임 친구들에게도 감사합니다. 새년 오닐은 중요한 것들을 기억하고 저 자신을 믿으라고 매일 복돋아 주셨어요. 에이미 굿맨, 제시카 다우니, 벨린다 모리슨, 케이트 언더우드, 그리고 OG Slack Tide 팀원들인 크리스, 잭, 스크래피, 리 리, 클라우디아. 말로 다 표현 못할 만큼 고맙습니다. 퓨전 딜라뷰 매너 북/와인 클럽 멤버들 여러분도 빠질 수 없죠. 그리고 언제나 즐거움과 따뜻함을 선사해준 에이미 린에게도 감사의 마음을 전합니다.

엄마, 아빠. 제가 많은 시간을 책에 쏟아 붓는다고 너무 걱정하지 않으셨으면 좋겠어요. 아직 쓸 책이 몇 권 더 있거든요. 책을 사랑해주신 나의 가족 콜, 데이브, 크리스티, 데이지, 션, 메이브, 제이, 그리고 브레나에게도 고마움을 전합니다. 또 세상에 저지 페트로스키 가족보다 더 좋은 사돈은 어디에도 없을 것 같습니다. 모두에게 진심으로 감사를 표합니다.

마지막으로 제 사랑스러운 아이들, 크리스와 엘리엇. 너희는 언제나 나를 놀라게 해. 앞으로 너희가 만들어갈 미래가 너무 기대돼—세상을 향해 나아가렴.

건배!

모린, Maureen

INDEX

ㄱ
가비, 114
감자칩
   캐비어 칩, 275
   솔티드 스윗 토피 바, 61
감칠맛, 244
게뷔르츠트라미너, 141
계속 먹게 되는 설탕 넛츠, 106
고르곤졸라와 배 피자 258
그뤼너 벨트리너, 114, 119
그르나슈, 159
그리스, 91, 117
그릭 요거트와 레몬필 프리저브를 곁들인 지중해 미트볼, 128~129
끓은 와인 47

ㄴ
나트륨, 224
나파 밸리, 25, 220, 226
남아프리카, 26, 43, 138, 186, 240~241
내추럴 와인
   기본 설명, 198~200
   바이오다이나믹과의 비교, 202
   분석 평가, 207~208
   관련한 신화, 203
   온라인 쇼핑, 204
   유기농 와인과의 비교, 202
   음식 페어링, 210~215
   이달의 와인, 206~207
네로 다볼라, 90
뉴질랜드, 138, 178, 182~183, 186

ㄷ
독일
   뮐러—투르가우, 114
   리슬링, 135~136, 140, 144~145
   젝트, 263
드라이 크릭 밸리, 226
디켄팅, 23
딸기
   바닐라 크림과 발사믹 시럽을 곁들인 딸기 쇼트케이크, 195
   딸기 티라미수, 280
딸기 티라미수, 280

ㄹ
라임
   칠리 라임 디핑 소스, 149
   진저 라임 판나코타, 151
람브루스코, 88~89, 97, 98
랑그독, 52, 159
러시안 리버 밸리, 226
레드 와인, *개별 레드 와인 참고*
   기본 설명, 86~88
   분석 평가, 98~99
   자라나는 지역, 87~91
   음식 페어링, 101~107
   이달의 와인, 97
   온도와 시간, 98
레몬필 프리저브, 129
로제
   기본 설명, 154~157
   분석 평가, 164~165
   자라나는 지역, 156~157
   음식 페어링, 167~173
   이달의 와인, 160~161

   스파클링, 160
   온도와 시간, 164
   화이트 진판델과의 비교, 155~156, 161
로즈마리 누치 팝콘, 253
론, 43~45, 48, 52, 53~54, 113
루산느, 113
루아르 밸리, 157, 177, 182, 183, 185, 186
리슬링
   기본 설명, 134~135
   분석 평가, 144~145
   자라나는 지역, 13~136, 136~138
   음식 페어링, 147~151
   이달의 와인, 140~141
   온도와 시간, 144
리오하, 90, 97
리프라우밀히, 135, 139

ㅁ
마르산느, 113, 119
마코네, 69, 70
마콩 빌라주, 69
만체고 치즈, 꿀을 얹은 텍사스 토스트, 276
말벡, 91, 97, 98
매콤 마요네즈를 얹은 테이터 토츠, 78
매운 소시지, 고구마, 퀴노아 핑거 푸드, 57
매운 파인애플과 망고 그라니타, 194
메를로
   기본 설명, 86~88

카베르네 소비뇽과의 비교, 27,
 87, 88
분석 평가, 98~99
자라나는 지역, 87
음식 페어링, 101~107
이달의 와인, 97
온도와 시간, 98
메리티지, 93
모젤-자르-루버, 136, 140
뮈스카데, 113
뮐러-투르가우, 114
미국, 뉴욕주, 138, 140, 145
미국 오리건주
 피노 누아, 240, 243, 246
 리슬링, 138
 로제, 157, 161
미니 그릭 샐러드 바이트, 130
미니 와플 아이스크림 샌드위치, 83

ㅂ

바닐라, 72
바닐라 크림과 발사믹 시럽을 곁
들인 딸기 쇼트케이크, 195
바디감, 12
바롤로, 89
바르베라 다스티, 90, 97
바르베라 달바, 90, 97
바이오다이나믹 와인, 202
버라이어탈, 17
버터
 토마토 버터, 59
베르나챠 디 산 지미냐노, 115
베르멘티노 디 갈루라, 115
베이컨 레드 와인 잼과 피멘토 치
즈 크로스티니, 36~37
병아리콩
 멕시코 스트리트 스타일 병아
 리 콩 샐러드, 79
 스파이시 후무스, 126

보르도, 17~18, 25~26, 87, 91
보졸레, 248
복숭아 마멀레이드 마들렌 아이스
크림 샌드위치, 131
부르고뉴, 6~66, 69, 71, 74~75,
239~241, 243, 245, 248
부브레, 183
브루넬로 디 몬탈치노, 89~90
비뉴 베르데, 115, 119
빈티지, 18~19, 22
비오니에
 기본 설명, 111
 분석 평가, 122~123
 자라나는 지역, 111~112
 음식 페어링, 125~131
 이달의 와인, 119
 온도와 시간, 122
빵, 크로스티니도 참고
 크랜베리 브루스케타, 254~255
 프렌치 브레드 부라타 피자와
 아루굴라, 58~59
 정원에서 갓 따온 토마토와 바
 질 딥 그릴 브레드, 168
 적양파 피클을 곁들인 훈제 송
 어 파테 바게트, 80~81
 만체고 치즈, 꿀을 얹은 텍사스
 토스트, 276

ㅅ

산화된 와인, 94
살라미
 들고 먹는 안티파스토 꼬치, 277
 살라미, 얇게 썬 펜넬, 아르굴라,
 시저 마요 샌드위치, 234
상세르, 182
상큼한 민트를 곁들인 참깨 메밀
국수 148
생크림 블루베리 레몬 핸드파이,
171~173

샌드위치
 햄과 파마산 치즈 치아바타 샌
 드위치, 169
 미니 와플 아이스크림 샌드위치,
 83
 살라미, 얇게 썬 펜넬, 아르굴라,
 시저 마요 샌드위치, 234
샤르도네
 기본 설명, 64~65
 분석 평가, 74~75
 맛에 대하여, 66~67, 72
 자라나는 지역에 대하여,
 65~66
 오크, 64, 67, 72
 음식 페어링, 77~83
 이달의 와인, 70~71
 피노 그리지오와의 비교, 71
 온도와 시간 74
샤블리, 65~66, 74
샬로네, 66
샴페인
 기본 설명, 262~265
 분석 평가, 270~272
 잔에 대하여, 8, 265
 음식 페어링, 274~280
 펫낫과의 비교, 207
 코르크 여는 법 268
 온도와 시간, 270~271
샐러드
 멕시코 스트리트 스타일 병아리
 콩 샐러드, 79
 미니 그릭 샐러드 바이트, 130
 오이 컵 맛살 샐러드, 214
생크림 블루베리 레몬 핸드파이,
171~173
세니에, 155
세미용, 177, 179
세인트 조셉, 44, 113
센트럴 밸리, 220, 226

소고기
　블루치즈와 로스트 비프 포도 꼬치, 102
　일본식 BBQ소고기 꼬치구이, 34
　그릭 요거트와 레몬필 프리저브를 곁들인 지중해 미트볼, 128~129
소금을 넣은 와인, 224
소비뇽 블랑
　기본 설명, 176~7177
　분석 평가, 185~187
　자라나는 지역, 178
　오크통, 177~178
　음식 페어링, 189~195
　이달의 와인, 182~183
　온도와 시간, 185
　부브레와의 비교, 183
소스
　칠리 라임 디핑 소스, 149
　크랜베리 소스, 255
　일본식 BBQ소스, 35
　페스토, 192
　요거트 디핑 소스, 129
소시지 살라미 참고
　초리조와 애플 그리고 체다 바이트, 82
　매운 소시지, 고구마, 퀴노아 핑거푸드, 57
소테른, 179
손님 리스트, 6
손님 접대, 9~11
스크류 캡, 120
스파이시 후무스, 128
스파클링 와인, 샴페인 참고
　기본 설명, 262~265
　분석 평가, 270~272
　잔 고르기, 265
　음식 페어링, 275~280
　펫낫과의 비교, 207

이달의 와인, 267
코르크 따기, 268
로제, 160
온도와 시간, 270~271
스페인
　알바리뇨, 115, 119
　카르메네르, 91
　카바, 263, 267
　리오하, 90, 97
　로사도(로제), 157, 161
스피팅 버킷 10
시라/시라즈
　기본 설명, 42~43
　카베르네 소비뇽과의 비교 52
　분석 평가, 53~54
　자라나는 지역, 43~44
　음식 페어링, 56~61
　이달의 와인, 52
　냄새, 45, 47~48
　온도와 시간, 53
시음
　와인 시음회를 위한 수칙 9, 11
　유용한 팁, 10
신선한 바질을 곁들인 멜론, 세라노, 모차렐라 브루스케타, 191

ㅇ

아르헨티나
　카베르네 소비뇽, 26
　샤르도네, 70
　말벡, 91, 97, 98
　소비뇽 블랑, 178, 183
아몬드
　염소 치즈, 아몬드, 프로슈토가 들어간 대추야자, 60
　특별한 체리 아몬드 클라푸티, 107
　허브와 플뢰르 드 셀을 곁들인 마르쿠나 아몬드, 33

계속 먹게 되는 설탕 넛츠, 106
아시르티코, 117
아이스 버킷, 162
아이스크림
　미니 와플 아이스크림 샌드위치, 83
　복숭아 마멀레이드 마들렌 아이스크림 샌드위치, 131
아펠라시옹, 180
아황산염, 203
양고기
　그릭 요거트와 레몬필 프리저브를 곁들인 지중해 미트볼, 128~129
양파
　크리미 어니언 타르트, 278~279
　프렌치 어니언 크로스티니, 104~105
　초간단 적양파 피클, 80
안티파스토, 277
알자스, 136, 140, 141, 144
알렉산더 밸리, 226
알바리뇨, 115, 119
염소 치즈, 아몬드, 프로슈토가 들어간 대추야자, 60
에르미타주, 44, 113
오렌지 와인, 159, 206
오스트리아, 114, 136
오이 컵 맛살 샐러드, 214
오크, 66~67, 72, 177~178
올리브
　그린 올리브 튀김, 103
　따뜻하고 매콤한 올리브, 232
요거트 디핑 소스, 129
옥수수
　멕시코 스트리트 스타일 병아리콩 샐러드, 79
　옥수수, 염소 치즈, 페스토를 얹은 그릴 여름 스쿼시 피자, 192~193
　로즈마리 누치 팝콘, 253

옥수수, 염소 치즈, 페스토를 얹은 그릴 여름 스쿼시 피자, 192~193
온라인 쇼핑, 204
와인 *개별 와인 참고*
  따르기, 10
  숙성, 27~28
  모양, 11~12
  바디감, 12
  시원하게 하기, 162
  끓은 와인, 47
  코르크, 45, 47
  디캔팅, 23
  분석 평가, 11~13
  피니시, 12
  와인 다리, 50
  이름들에 관하여, 17
  신대륙과 구대륙, 23
  노트, 13
  온라인 쇼핑, 204
  산화된 와인, 94
  음식 페어링, 13~13
  선택하기, 6~7
  와인 용어 설명, 22~23, 49, 69, 93, 118, 138~139, 159, 179, 223, 244, 266
와인 다리, 50
와인 클럽
  좋은 점, 5
  기본 수칙, 5~6
  와인 잔, 7~8
  손님 리스트 작성, 6
워싱턴주, 25, 97, 138, 141
원산지 통제 명칭, 138
음식 페어링, 12~13
  개별 레시피 참고
유기농 와인, 202
이산화황산, 48
이탈리아
  가비, 114

네로 다볼라, 90
람브루스코, 88~89, 97, 98
로사토(로제), 157, 161
바르베라 달바, 90, 97
바르베라 다스티, 90, 97
바롤로, 90
베르멘티노 디 갈루라, 115
브루넬로 디 몬탈치노, 89~90
키안티, 89
피노 그리지오, 114, 119
프리미티보, 227
프로세코, 263, 267, 271, 272
베르나챠 디 산 지미냐노, 115
일본식 BBQ소고기 꼬치구이, 34

ㅈ

잔 고르기, 7~8, 265
적양파 피클을 곁들인 훈제 송어 파테 바게트, 80~81
정원에서 갓 따온 토마토와 바질 딥 그릴 브레드, 168
진저 라임 판나코타, 151
진판델, *화이트 진판델 참고*
  기본 설명, 218~220, 222
  자라나는 지역, 219, 220
  올드 바인, 220
  음식 페어링, 231~235
  이달의 와인, 226~227
  프리미티보와의 비교, 227
  온도와 시간, 228

ㅊ

초리조와 애플 그리고 체다 바이트, 82
초콜릿
  초콜릿 카라멜 바나나 바이트, 235
  딸기 티라미수, 280

커피 크림과 프레첼을 곁들인 초콜릿 무스 3종, 38~39
초콜렛 카라멜 바나나 바이츠, 237
체리
  발사믹 체리와 세이지를 곁들인 구운 브리 치즈, 32
  특별한 체리 아몬드 클라푸티, 107
특별한 체리 아몬드 클라푸티, 107
치즈
  베이컨 레드 와인 잼과 피멘토 치즈 크로스티니, 36~37
  발사믹 체리와 세이지를 곁들인 구운 브리 치즈, 32
  블루치즈와 로스트 비프 포도 꼬치, 102
  신선한 바질을 곁들인 멜론, 세라노, 모차렐라 브루스케타, 191
  초리조와 애플 그리고 체다 바이트, 82
  염소 치즈, 아몬드, 프로슈토가 들어간 대추야자, 60
  프렌치 브레드 부라타 피자와 아루굴라, 58~59
  갈릭 파마산 치즈 스틱, 124
  염소 치즈와 구운 포도 크로스티니, 233
  옥수수, 염소 치즈, 페스토를 얹은 그릴 여름 스쿼시 피자, 192~193
  햄과 파마산 치즈 치아바타 샌드위치, 169
  고르곤졸라와 배 피자, 258
  피멘토 치즈, 37
  만체고 치즈, 꿀을 얹은 텍사스 토스트, 276
칠레, 26, 178, 183, 186
칠리 라임 디핑 소스, 149
칠리 라임 디핑 소스를 곁들인 새우 칵테일, 149

칠리 오일 칠면조 만두, 256~257
칠면조
    칠리 오일 칠면조 만두, 256~257
침용, 155

ㅋ

카르메네르, 91
카베르네 소비뇽
    기본 설명, 16~18
    숙성, 27~28
    분석 평가, 27~29
    자라나는 지역, 17
    메를로와의 비교, 27, 87~88
    음식 페어링, 31~39
    이달의 와인, 25~27
    시라/시라즈와의 비교, 52
    타닌, 21
    온도와 시간, 27~28
캐비어 칩, 275
캘리포니아
    카베르네 소비뇽, 25, 28, 52
    샤르도네, 67, 70, 72, 74, 75
    메를로, 27, 97
    피노 누아, 240, 243, 248
    리슬링, 138, 141, 144, 145
    로제, 157, 160, 161
    소비뇽 블랑, 177~178, 179, 182, 185, 186, 187~188
    스파클링 와인, 263, 267, 271, 272
    시라, 42, 43, 52
    화이트 진판델, 161, 219
    진판델, 219~220, 226~229
커피 크림과 프레첼을 곁들인 초콜릿 무스 3종, 38~39
코르나스, 44
코르크
    코르크 테인트, 45, 47

샴페인 터트리기 269
    스크류 캡과의 비교, 120
코코넛 히비스커스 젤리 크럼펫, 215
코르크 테인트(TCA), 45
코트 드 뉘, 66, 240
코트 드 론, 43
코트 드 본, 66, 240
코트 마코네, 66
코트 로티, 42
코트 살로네즈, 70
코트도르, 66, 67, 71, 240
크랜베리
    크랜베리 브루스케타, 254~255
    크랜베리 소스, 255
크로스티니
    베이컨 레드 와인 잼과 피멘토 치즈 크로스티니, 36~37
    프렌치 어니언 크로스티니, 104~105
    염소 치즈와 구운 포도 크로스티니, 233
크로제스 에르미타주, 44, 113
크뤼, 69, 241, 243
키안티, 89

ㅌ

타닌, 21
타르트
    크리미 어니언 타르트, 278~279
타벨, 156, 157, 160
테루아, 18, 224
토마토
    정원에서 갓 따온 토마토와 바질 딥 그릴 브레드, 168
    토마토와 해염 바 스낵, 190
    토마토 버터, 58~59

토피
    솔티드 스윗 토피 바, 61

ㅍ

파르페
    호박 파이 파르페, 259
파소 로블레스, 227
파스타 그리고 누들
    들고 먹는 안티파스토 꼬치, 277
    상큼한 민트를 곁들인 참깨 메밀국수, 148
페스토, 192
페이 독, 159
펫낫, 207
포도
    흑포도, 93
    블루치즈와 로스트 비프 포도 꼬치, 102
    염소 치즈와 구운 포도 크로스티니, 233
포도에게 자유를, 204
포르투갈, 115, 119
푸이 퓌메, 177, 182, 186
푸이-퓌세, 69
푸메 블랑, 177
프랑스 샹파뉴 참고
    알자스 136, 140, 141, 145
    보졸레, 248
    보르도, 17~18, 25~26, 87, 88, 91
    부르고뉴, 65~66, 69, 71, 74~75, 239~241, 243, 245, 248
    코트 샬로네즈, 70
    코트 도르, 66, 67, 71, 240
    랑그독, 52, 159
    마코네, 69, 70
    푸이 퓌메, 177, 182, 186
    프로방스, 156, 158, 160
    론, 43~45, 48, 52, 53, 54, 113

로제, 156, 160
상세르, 182
타벨, 156, 157, 160
부브레, 183
프로방스, 156, 157, 160
프로세코, 263, 267, 271, 272
프로슈토 햄 참고
프로즈, 159
프티 시라, 49
프리미티보, 227
피노 그리지오/피노 그리, 71, 114, 117
피노 누아
  기본 설명, 238~241, 243
  보졸레와의 비교, 248
  분석 평가, 249~250
  자라나는 지역, 239~241
  음식 페어링, 252~259
  이달의 와인, 245, 248
  온도와 시간, 249
피노타주, 240~241
피니시, 12
피자
  프렌치 브레드 부라타 피자와 아루굴라, 58~59
  옥수수, 염소 치즈, 페스토를 얹은 그릴 여름 스쿼시 피자, 192~193
  고르곤졸라와 배 피자, 258
피멘토 치즈, 37
피칸
  솔티드 스윗 토피 바, 61
  계속 먹게 되는 설탕 넛츠, 106
핑거 레이크스, 138, 140

ㅎ

향과 감각, 11, 44~45, 47~48, 142
햄
  신선한 바질을 곁들인 멜론, 세라노, 모차렐라 브루스케타, 191
  염소 치즈, 아몬드, 프로슈토가 들어간 대추야자, 60
  햄과 파마산 치즈 치아바타 샌드위치, 169
허브 버터와 소금을 곁들인 프렌치 레디쉬, 170
호박 파이 파르페, 259
호주
  카베르네 소비뇽, 26~27
  샤르도네, 70, 74, 75
  리슬링, 135, 138
  소비뇽 블랑, 178, 182~183, 186
  시라즈, 43, 44, 52
  스파클링 와인, 263
홀스래디쉬 마요네즈, 102
화이트 와인 개별 와인 참고
  기본 설명, 110~112
  분석 평가, 122~123
  자라나는 지역, 111~115, 117
  음식 페어링, 125~131
  이달의 와인, 119
  온도와 시간, 122
화이트 진판델, 155~156, 161, 219
훈제 천일염 에다마메, 150
휘핑 크림, 173

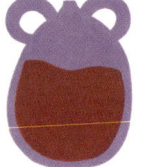